亡国の東京オリンピック

後藤逸郎
Itsuro Goto

文藝春秋

亡国の東京オリンピック

まえがき

二〇二一年七月二十三日午後八時、日本は第三の敗戦を迎えた。

五十七年前の十月十日。前回の東京オリンピックの開会式は、雲ひとつない秋晴れの午後一時五十分に始まり、午後三時ごろに昭和天皇の開会宣言、そして航空自衛隊のブルーインパルスが青空に五つの輪を描いた。

今回のオリンピックの開会式は、酷暑の真っただ中の七月二十三日。午後八時に始まった式典が終わったのは深夜の午後十一時五十一分で、ブルーインパルスは開会式前の日中に国立競技場の上を飛んだが、我々はそれを短いテレビニュースで見るだけだった。

なぜ、これほどまでに違うのか。

アメリカでの放送権を獲得したNBCユニバーサル（以下、NBC）の都合である。IOC（国際オリンピック委員会）に莫大な放送権料を支払うNBCの放送日程は、オリンピックにおいて何よりも優先される。日本で最もよい季節は秋だが、アメリカではアメリカン・フットボールやメジャーリーグのプレーオフがあるので、NBCとしては避けてほしい。真夏なら有力なスポーツ大会がないので、そこにオリンピックがあれば視聴率が稼げる。また、日本のお昼はアメリカの深夜にあたる。それではアメリカ人がテレビを見るのに困る。

IOCは、NBCの都合を最優先したスケジュールを日本に示し、これを呑ませた。七十六年前の夏、連合国がポツダム宣言を呑ませたように。

開会式で挨拶に立ったIOCのトーマス・バッハ会長の態度は、まさに進駐軍を彷彿とさせた。予定では四分半だったものが、何と十三分にもわたってしゃべり続けたのだ。舞台となった新しい国立競技場は、建築費用を減らすため、冷房を付けなかった。すでに入場行進を終えた選手たちは、夜とはいえ蒸し暑いスタジアムで、だれきった表情をしていたが、お構いなしである。しかも、内容は関係者への謝辞が続き、まるでいきなり映画のエンドロールを見せられたようだった。バッハ会長の長広舌のおかげで式典は二十分以上も遅れて進行した。

そして、バッハ会長は挨拶の最後を日本語でこう結んだ。

「カイカイセンゲンヲ、ココニツツシンデ、テンノウヘイカニ、オネガイモウシアゲマス」

それを受けた天皇陛下の開会宣言の文言は、異例のものだった。国家元首による開会宣言は、政治性を排するという建て前のもと、オリンピック憲章で定型文が定められている。五十七年前、昭和天皇は、

「第十八回近代オリンピアードを祝い、ここにオリンピック東京大会の開会を宣言します」

と宣言された。この「近代オリンピアードを祝い（celebrating）」は決まり文句で、二〇一二年のロンドン・オリンピックでも、エリザベス女王が同じ言葉で開会を宣言されている。ところが、今回、天皇陛下は、「祝う」の言葉を避けられた。

「私は、ここに、第三十二回近代オリンピアードを記念する、東京大会の開会を宣言します」

天皇陛下の開会宣言に、このオリンピックが置かれた状況が象徴されている。新型コロナ感染の拡大が止まらず、緊急事態宣言が出されている中で強行開催されたオリンピック。開催前、八割以上の

国民は、中止か再延期を望んでいた。とても無邪気にお祝いする気分にはなれない。天皇陛下のお言葉は、日本国民の気持ちに寄り添ったものだ。

ところが、天皇陛下が開会宣言を始められた時、菅義偉首相と小池百合子東京都知事は着座したままだった。途中であわてて立ち上がったものの、その無様な姿が全世界にテレビ中継された。

菅政権は後日、謝罪はしたが、責任は大会組織委員会（東京2020オリンピック・パラリンピック組織委員会。以下、組織委）の「不手際」にあるとした。組織委が起立の案内を怠ったからだというのだ。組織委は組織委で、バッハ会長の挨拶が予定より大幅に長くなった上、最後に直接、天皇陛下に挨拶をお願いしたため、場内アナウンスを入れるタイミングを失ったと釈明した。どちらも他人への責任転嫁を図るばかりで、日本国の醜態をいっそう世界に広めた。

しかし、前回の東京オリンピックでも、当時のエイベリー・ブランデージIOC会長が、挨拶の最後に、日本語で昭和天皇に開会宣言のお願いをしたはずだ。ネットを少し検索しただけでわかる。バッハ会長に責任転嫁した組織委は、よほどあわてていたのか。

いずれにせよ、天皇陛下のご臨席を仰いだ開会式であるのに、グダグダの進行であった。結局、誰も責任は取らないだろうが。

大会が終盤を迎えた八月六日、日本に銅メダルの期待がかかったサッカー男子のメキシコ戦が、前日になって突如予定が変更され、午後八時の開始が午後六時へと前倒しされた。金曜の夜、スケジュールを調整してテレビ観戦しようとしていた多くのサラリーマンは愕然とした。家に帰ってみると試合が終わっていたという人も多くいた。これも、NBCとIOCの身勝手な都合であった。この日はもともと女子サッカーの決勝が午前十一時に予定されていた。炎天下の中、試合が行われる予定だったのは、決勝進出が有力視されていたアメリカチームの戦いを、アメリカの視聴者に届けるためだった。日本の午前十一時はアメリカのゴールデンタイムにあたる。しかし、そのアメリカチームが準決勝で敗れたため、もはや危険な環境で試合をやる必要はないとＦＩＦＡ（国際サッカー連盟）とＩＯＣは判断し、試合は午後九時開始に変更。それに押し出される形で、男子の三位決定戦が前倒しになったというわけだ。

ＩＯＣとＮＢＣに振り回される日本の姿は、まさに敗戦国そのものであった。

今も世界中で新型コロナが猛威を振るい、人類は劣勢を強いられている。感染者数は二億人を超え、死者は四百万人を突破した（米ジョンズ・ホプキンス大八月五日調べ）。ＷＨＯ（世界保健機関）は、国によって保健衛生統計の処理がおぼつかないとして、実際の死者は報告の二倍から三倍と推測している。

日本でも、オリンピック開催から一週間経たずして、全国の感染者数が過去最多を記録。その後オリンピック期間中も過去最多を更新し続けた。ついに菅政権は、中等症の患者は入院させず、自宅療養にすると決めた。これは後日撤回されたが、国民は見殺しにされかけた。

それは予想されたことであった。しかし、オリンピックは開催された。原因のひとつは、二〇二〇年三月、バッハ会長と安倍晋三首相（当時）がオリンピックの一年間延期で合意した時、安倍首相が述べた言葉である。

「今後人類が新型コロナウイルス感染症に打ち勝った証しとして、完全な形で東京オリンピック・パラリンピックを開催するために、IOC、バッハ会長と緊密に連携をしていくことで一致をした」

あまりに甘い見通しであったことは、この一年間の感染状況を見ればわかる。人類は史上最速でワクチンを開発したが、それでもパンデミックはいっこうに収まっていない。

しかし、一年後にはコロナに打ち勝っており、完全な形でオリンピックが開催される、という為政者の願望に過ぎないものが独り歩きを始めた。それと辻褄を合わせるために、行政が歪められ続けた。

この一年、病床の確保は遅々として進まず、海外の先進国では行われていたPCR検査による陽性者の早期発見と隔離は、日本では実施されなかった。安倍前首相が国民と約束した「一日二十万件のPCR検査」は未だ一度たりとも実現していない。新型コロナの感染者は発症前に大量にウイルスを拡散することがわかっている。無症状感染者をあぶり出すには検査を増やすしかない。そうしないのは検査の結果、感染者数が増えることを恐れたのではないか。オリンピック開催の障害となる感染者数を抑える力が働いたのではないか。オリンピック開催を感染対策より優先する政府の姿勢に国民は苦しめられた。

疫学的な政策を実施しない一方、規制しやすい外食業界に対しては、営業時間の短縮や酒類の提供中止を迫った。営業補償もなく、代わりの協力金は数カ月後に支払われる有様。要請に従って店を畳むか、要請に応じず通常営業するか、究極の選択に飲食店を追い込んだ政府、自治体の罪は重い。

歪められたのは行政だけではない。本来はそれを批判すべき報道機関が、オリンピックの利害関係者となることで、大政翼賛会となり果てた。

大会期間中、ＩＯＣと組織委は、オリンピック参加選手が新型コロナに感染しても国名や出場競技名はもちろん、濃厚接触者の人数さえ基本的には公表しなかった。大半は感染した選手の母国のメディアが報道して初めて、日本国内に情報が伝わる現状は、まさに占領下にある国家のようだ。その一方で、連日の日本選手の活躍に異様な分量の報道を割く新聞、テレビ局。

テレビ局はＩＯＣに巨額の放送権料を支払ってきた。そのテレビ局と資本関係がある大手新聞社は、今回、史上初めてオリンピックのスポンサーになった。そのため、ＩＯＣやオリンピックに関する悪評が報道されることはほとんどなかった。

オリンピックの強行開催に至るまでの過程で見えてきたのは、願望に過ぎないものがいつの間にか既定事実化され、それをもとに政策が決定されるという、この国の姿である。当然、物事はうまく行かないが、最後は神風が吹くと言って願望にしがみつく。今の日本政府は、八十年以上前の戦争指導者たちと何ら変わらない心性の持ち主であることを示した。

感染拡大が明らかになっても、政府とその周辺は「日本は海外と違って患者数と死者数が少ない」と強弁し続けてきた。しかし、日本が特別であるという疫学的な根拠、生活習慣や社会制度などの科学的根拠はいっこうに見つかっていない。それどころか、他国から周回遅れで感染爆発の負のスパイラルに突入し始めた現状を見てもなお、「罹ったとしても重症化する人は減っている。いわば、ただの風邪のようなものだ」という俗論にすがろうとしているように見える。「ただの風邪」で入院できず、治療を受けられないまま自宅で亡くなる人が増え続けている。国民皆保険の国で起きているこの事態は、医療崩壊にほかならない。

この災厄の責任を負うべき菅首相の言葉を振り返ってみよう。

二〇二一年七月、米有力経済紙ウォールストリート・ジャーナルのインタビューで菅首相はこう述べた。

まず、オリンピックの中止、もしくは再延期を望む多くの国民の声に対して、「やめることは、いちばん簡単なこと、楽なことだ」と取り合わなかった。さらに、「挑戦するのが政府の役割だ」と。

続けて、「感染者数なども、海外と比べると、一桁以上といってもいいぐらい少ない」、「ワクチン(接種)も進んで、感染対策を厳しくやっているので、環境はそろっている、準備はできていると、そういう判断をした」……。このころすでに、オリンピック開催により、人出が以前より減らなくなって、感染者が増えるとの予測が出ていた。そして、結果がどうなったかは、今、すべての国民が知っている。

菅首相は、四月の段階では、「開催はすでにIOCが決定している」と、まるで主権を放棄したかのような発言をしていた。それが、いつ「やめることは、いちばん簡単なこと」になったのか定かではないが、この支離滅裂さも、災厄を大きくしたと言える。

後世から振り返ってみると、東京オリンピックが亡国の始まりだった、ということにもなりかねない。それが筆者の今の不安である。

亡国の東京オリンピック●目次

カバー写真　朝日新聞社／ゲッティ・イメージズ
装幀・本文デザイン　桝田健太郎

第1章

オリンピックを中止できなかったのはなぜか

開催延期以降、世論調査では半分以上の日本国民が中止を求めていた。
天皇陛下も宮内庁長官を介して異例のご懸念を表明された。
それらすべてを無視して開催を強行した菅首相。
「やってしまえば、メダルラッシュに浮かれて批判など忘れるだろう」
願望と現実の区別がつかない指導者のメンタリティが、
オリンピック開催を可能にした。

願望と現実の区別がつかない指導者の伝統

オリンピックを中止できなかったのはなぜか。この問いに答えを得るのは容易ではない。菅義偉政権は総選挙を目前にして、国民の生命を危険に晒《さら》してまで開催を強行したが、そこまでするメリットがあったとは思えないからだ。オリンピック開催中、日本の新規感染者数は過去最多を更新し続けており、開催当初は日本人選手のメダルラッシュ報道に沸き立ったメディアも、揺り戻しが来て政権批判を強めている。中止したほうが、むしろ菅首相にとってはプラスだったのでは、と思えてくる。

強行開催で利益を得た者を、人物で代表すれば、東京2020オリンピック・パラリンピック大会組織委員会（以下、組織委）会長を務めた森喜朗元首相と、IOC（国際オリンピック委員会）のトーマス・バッハ会長だろう。森元首相は神宮外苑再開発という巨大な利権の中心にいる。オリンピックの延期で中断していた再開発は、強行開催で再始動した。IOCは、米NBCに無事に映像を届けたことで、予定通り巨額の放送権料を得るだろう。

しかし、両者への配慮だけで、今年（二〇二一年）一月の段階で国民の七七％が「中止」（三八％）もしくは「再延期」（三九％）を求めていたオリンピックを強行するものだろうか（NHKの世論調査）。

森元首相は政界に隠然たる力があるとされるが、所詮、引退した政治家である。IOCも世界最強のNPO（非営利団体）兼NGO（非政府組織）ではあるが、国家より強力であるわけではない。もし、森元首相やIOCへの忖度《そんたく》からオリンピックを強行開催したのだとしたら、それこそ亡国の証しである。

「いったん決めたことは変えられない」という日本人の体質に答えを求める向きもある。これも、戦争に突き進んだ昭和前半を思い出すまでもなく、国家を破綻させるものだが、理由としては弱い。

日本が外圧に弱い国だからという分析もあるが、今回はむしろオリンピック推進派が外圧を利用して開催を強行した側面が強い。菅首相は、開催の是非を問われた際、「開催はすでにＩＯＣが決定している」からやめられないと述べ、国内を説得しようとした。また、主要七カ国首脳会議（Ｇ７サミット）で、各国の首脳に支持を頼んで回り、それをもって、〝国際公約〟だからやらざるを得ないと、マッチポンプのようなこともしている。米国は二〇二一年五月、新型コロナ感染拡大が続いているという理由で、日本への渡航中止勧告を出した。その時、英公共放送のＢＢＣは、「（渡航中止勧告が）米国代表団の東京五輪出場取りやめにつながることを多くの日本人が期待している」と報じている。

菅首相は世論も天皇も敵に回して何を得るのか

アメリカの代表団が参加しなければオリンピックは中止になるに違いないと日本人が考えていると皮肉ったわけだ。推進派も中止派も、ともに自分では決められず、外圧頼みであるというのは的外れではないが、外圧によって無理やり開催させられたというのは無理がある。ＩＯＣの振る舞いは傍若無人ではあるが、日本が中止することは可能であったはずだ。

結局、菅首相が開催を決意した理由は、よくわからない。ひとつ言えることは、この国の指導者には、願望と現実の区別がつかないという伝統があることだ。第二次世界大戦で日本の指導者たちは、常に相手は自分の都合のよいようにしか動かないという前提で作戦を立て、失敗を重ねた。アメリカ軍は台湾に来ると言い続け、実際は沖縄に来襲すると、これを見捨てた。

新型コロナ感染はオリンピック前に必ず収束し、国民の歓喜の中、スポーツの祭典が行われ、経済も上向くだろう。その余勢で総選挙でも大勝する……今となっては笑い話にもならない願望に取り憑かれ、それを否定する事実が次々と現れても、目もくれず前に進み続けた。

そんな願望を持たざるを得なかったのは、日本の現状が絶望的であるからだ。

前回の東京オリンピックを彩る思い出は、日本の経済発展だ。事実かどうかは別として、第二次大戦で文字通り灰燼《かいじん》に帰した産業を復興させ、奇跡的な経済成長を通じてＯＥＣＤ（経済協力開発機構）に加盟し、発展途上国から先進国入りを果たしたのもオリンピックの年、一九六四年だったというストーリーは、日本人の中に根強くある。その後、「ジャパン・アズ・ナンバーワン」と評された一九八〇年代半ばまでの二十年間、日本経済は黄金期を迎えた。ところが、一九八五年九月、主要先進国五カ国の蔵相と中央銀行総裁による「プラザ合意」で、日本は極端な円高を受け入れ、「第二の敗戦」を喫した。バブル崩壊を経た後の「失われた三十年」、日本経済はほぼゼロ成長だった。オリンピックで発展途上国から先進国へと駆け上がった日本は、今や〝衰退途上国〟になってしまった。

オリンピック開催を推進した安倍、菅両首相にとって、前回の東京オリンピックは今も輝きを失っていないのだろう。安倍前首相は二〇二一年七月三十日の読売新聞インタビューで、「政権を挙げて、招致運動を行っていこうと決断したのは、１９６４年東京五輪の思い出があったから」、「あの時の感動や興奮を今の子供たちにも経験してもらいたい」と述べている。菅首相も同年六月の党首討論で、問われもしないのに、「例えば東洋の魔女と言われたバレーの選手」、「何よりも記憶に残っているのはオランダのヘーシンク選手」など、思い出の場面を列挙してみせた。

激しく波打つ国際経済社会という海で溺れている衰退途上国の日本が、オリンピックをきっかけに再び経済発展を始める……。そんな願望を持ちたくなる気持ちは否定しないが、それは溺れる者がつかむ藁にも等しいのである。

愚民思想の果てに

また、菅政権やオリンピック推進派に、愚民思想があることは確かだ。そうでなければ、こんなことはできない。

「いくら反対しても、オリンピックが始まれば、国民はメダルラッシュに夢中になる」

開催前、自民党幹部の発言として報道された言葉だが、同じことをツイッターでつぶやいた人物がいて驚いた。

今回の東京オリンピック招致時の都知事だった作家の猪瀬直樹氏は六月二十六日のツイッターで、

東京五輪開催反対を言う人たちは、五輪が始まると日本選手の活躍が気になって仕方ない、と気持ちが変化したことに気づくだろう。でもそれはごくふつうの健全な感情で少しも後ろめたいも

のではない。僕が言いたいのは、自分の意識の深層に想い致すことなく、軽薄に意見らしきもの
を述べる愚かしさだ。

と述べた。

オリンピックで日本人選手が活躍するのを見るのはうれしい、しかし、それは新型コロナの感染爆発下でやるべきことなのか。これは「軽薄な意見らしきもの」なのか。オリンピックを開催しても、聖火がウイルスを焼き払ってくれるわけではない。メダルラッシュに沸いたところで、新型コロナが収束するわけではなく、一時の心地よさに身を委ねるのは現実逃避以外の何物でもない。

つまり、安倍前首相、森元首相、菅首相、バッハ会長をはじめとした、新型コロナ禍でオリンピック開催を強引に推し進めた面々の頭の中には、オリンピック開催と新型コロナ対策の両立を危ぶむ理知的な国民はいない。国民をバカにしているのだ。

そうとしか思えない事態が次々に起きる。

七月十八日、来日したバッハ会長の歓迎会が赤坂の迎賓館で開かれた。緊急事態宣言下ということもあって、人数は四十人ほどに絞られ、料理もアルコールもなしの会となったが、そこに森元首相も顔を見せていた。森元首相は組織委員会の会長を務めてはいたが、はなはだしい女性蔑視発言が明るみに出て辞任したはずである。バッハ会長が金科玉条のように繰り返し口にするオリンピック憲章はジェンダーの平等を強く訴えている。それを頭から否定した森発言はさすがにIOCもかばいきれなくなり、辞任勧告に等しい批判を行ったことは記憶に新しい。それでなくても批判が集まっていたオ

リンピック開催を、さらにややこしくした戦犯が森元首相である。それが、まるで何事もなかったかのように、同席する。誰も辞退するように勧めなかったのか。

また、組織委では森元首相を名誉最高顧問にする意思があるとも報道された。大会中もあちこちの競技場に顔を出し、いったい何の資格があって来ているのか、という批判があった。そのため、資格を付与しようというのなら、あきれ果てた話である。組織委広報は記者の質問を否定も肯定もしなかった。国や自治体からも職員を派遣している組織委は半ば公的機関だ。木で鼻をくったような対応で、国民への情報公開を拒む傲慢さは、一人担当者の資質だけにとどまる問題ではない。本当にこの国はどうなっているのか。

己こそがニッポン

安倍前首相もまた同じ思考だ。

六月二十六日発売の月刊誌、『月刊Ｈａｎａｄａ』（８月号）で、安倍前首相は、

「（オリンピック反対は）極めて政治的な意図を感じざるを得ませんね。彼らは、日本でオリンピックが成功することに不快感を持っているのではないか。共産党に代表されるように、歴史認識などにおいても一部から反日的ではないかと批判されている人たちが、今回の開催に強く反対しています」

と述べた。

実際は、オリンピック反対の意見は保守から革新までさまざまな立場の人が唱えており、共通点は

安倍前首相は国民の三割を「反日」と呼ぶのか

「新型コロナ禍での開催に伴う感染拡大」への懸念だ。

NHKが六月に実施した世論調査では、「中止」が三一％もあった（NHKホームページより）。

「東京オリンピック・パラリンピックの観客の数について、IOC＝国際オリンピック委員会などは今月判断する方針です。どのような形で開催すべきだと思うか聞きました。「これまでと同様に行う」が3％、「観客の数を制限して行う」が32％、「無観客で行う」が29％、「中止する」が31％でした」（傍線筆者）

安倍前首相は、日本人の三割強が「反日」であると言うつもりだろうか。

安倍前首相は同じインタビューで、オリンピック開催の意義について、

「『共有する』」、つまり国民が同じ想い出を作ることはとても大切なんです。同じ感動をしたり、同じ体験をしていることは、自分たちがアイデンティティに向き合ったり、日本人としての誇りを形成していくうえでも欠かすことのできない大変重要な要素です」

と説明した。

この異様さはどうだろう。新型コロナ禍で喘《あえ》ぐ国民の姿は目に映らず、オリンピックに歓声を上げる国民しか目に入らないのだろうか。自らが推進してきたオリンピックの中止を求める声を「反日」とひとくくりにし、「同じ」方向を向けという。これは、私に反対する人は日本人ではない、と言っ

ているのに等しい。つまり、安倍前首相の心象風景では、己こそがニッポンなのである。

安倍前首相が、誘致から延期まで深く関与してきたオリンピック開催を賛美してみせるのは勝手だ。しかし、そのために新型コロナが日本に蔓延したという事実は指摘しておきたい。

ニュージーランドやオーストラリア、台湾、シンガポールが、初動の段階で厳しい入国規制を実施し、感染の拡大を抑えたことはよく知られている。一方の日本は、初動の失策が急速な蔓延を招いたとされる。

日本では二〇二〇年一月十五日、神奈川県内で初の感染者が見つかり、新型コロナは広がりを見せ始めた。中国は同月二十三日、武漢市を封鎖。これを受け、台湾は同月二十四日、中国本土からの団体旅行を中止し、武漢やフィリピンからの観光客を強制送還した。

日本も湖北省への渡航中止を勧告はした。しかし、海外からの訪日外国人の入国規制をすぐに始めなかった。それどころか、真逆の動きを見せたのである。

中国の正月にあたる春節初日の一月二十四日、北京の日本大使館のホームページに安倍首相は春節祝辞を掲載した。そこで、「春節に際して、そしてまた、オリンピック・パラリンピック等の機会を通じて、更に多くの中国の皆様が訪日されることを楽しみにしています」と述べているのだ。

二〇二〇年は、習近平国家主席の来日が予定され、日本はオリンピックの開催期間中に訪日することを求めていた。また、政府は二〇二〇年の訪日外国人四千万人達成を掲げ、観光立国による経済成長も目指していた。

訪日外国人で最も多いのは中国人観光客である。彼らにオリンピック観戦に来てもらうことは、目標達成に欠かせない条件だ。

しかし、それが仇《あだ》となった。当時のネットで拡散された動画のひとつに、武漢から訪日した中国人観光客が「日本に来たから安全なので、マスクを外す」とインタビューを受ける姿があった。米国のトランプ大統領（当時）はすでに中国人の米国への入国規制を打ち出しており、海外と日本の対応の違いに不満を抱いた人が、安倍首相の祝辞を疑問視する書き込みを繰り返し、外務省は一月三十日、祝辞を削除した。

二〇二〇年二月になって、ようやく中国からの入国規制が始まったころには、すでに日本国内で新型コロナは広がっていた。

新型コロナ禍に喘ぎ、オリンピックの中止を求める声を「反日」と切り捨てる安倍前首相には、そうしたことへの反省の気持ちはないのだろうか。

天皇陛下のご懸念も無視

菅首相は貧乏くじを引いたのか。後に述べるが、安倍前首相が、「完全な形での開催」を条件にオリンピックを延期したため、菅首相は猖獗《しょうけつ》を極める新型コロナ対策とオリンピック開催の二兎を追わざるを得なくなったのは確かだ。しかし、それが首相の責務だ。

にもかかわらず、菅首相は記者会見で、記者の質問に真摯に答えることは稀で、話をはぐらかすような応答に終始した。何を聞かれても、「国民の安全・安心を第一に考えている」と繰り返すばかりで、それが具体的に何なのかは話さない。それ以上、突っ込まないマスコミもマスコミだが、これも国民を侮る立ち居振る舞いに他ならないだろう。

しかし、このような態度が天皇陛下にも及ぶとなれば、これはただ事ではない。

二〇二一年六月二十四日、宮内庁の西村泰彦長官は定例会見で、「(天皇陛下が)ご自身が名誉総裁をお務めになるオリンピック・パラリンピックの開催が感染拡大につながらないか、ご懸念されている、ご心配であると拝察しています」と発言した。

菅首相は拝察発言二日前の六月二十二日、天皇陛下に国政を報告する「内奏」を行っている。その内容は公表されていないが、開幕が迫ったオリンピックについてのやり取りがあって当然であろう。また、天皇陛下は昨年(二〇二〇年)、二度、政府の新型コロナウイルス感染症対策分科会の尾身茂会長からご進講を受けている。尾身会長は新型コロナ下でのオリンピック開催を「普通でない」と発言したことでも知られる。菅首相は内奏の前日、分科会ではなく専門家有志の立場で尾身会長が提言した無観客開催を受け入れず、政府、都、組織委、ＩＯＣ、ＩＰＣ(国際パラリンピック委員会)の五者協議で、観客上限一万人を決めていた。

それらを考え合わせると、新型コロナ感染拡大の中でのオリンピック開催を天皇陛下がご懸念されるのは極めて自然だ。

西村長官は、「陛下から直接そういうおことばを聞いたことはありません」と説明したが、文字通りに受け取る日本人は少ないだろう。日本国憲法四条第一項は、「天皇は、この憲法の定める国事に関する行為のみを行ひ、国政に関する権能を有しない」と定め、天皇の政治行為を禁じている。「拝察」という言葉で西村長官が公表したのは、天皇の政治関与を避けるぎりぎりの判断だった。実際、発言後、日本共産党の志位和夫委員長が、「天皇は政治に関わらないことになっている」と指摘しており、西村長官の苦悩がしのばれる。

だが、菅首相は「(西村長官)本人の見解を述べたと理解している」と切って捨てた。菅首相の発言は天皇の政治関与を否定する意図もあっただろうが、その後のフォローが皆無であったため、結果として、多くの国民の懸念と重なる天皇陛下のお気持ちを無視した形になった。

陛下が後日、オリンピック開会式の開会宣言で、「大会を祝い」の表現を、「大会を記念して」に変更されたことはまえがきで触れた。IOCの儀典を拒む異例の形での開会宣言は、国民の不満に寄り添うお気持ちがいかに強かったかの証しであろう。

世論調査の結果も無視、天皇陛下のご懸念も無視となれば、オリンピックを中止するのは無理だろう。しかも、なぜそこまで開催に固執するのかが見えないのだから、この国は闇である。

オリンピックを中止した例は戦争以外にないので、比較するのは難しいが、例えばいったん立候補しておきながら、取りやめた例は多くある。それらのほとんどは住民の反対運動が原因である。往々にして都市の首長はオリンピックを誘致したがる。それに待ったをかけるのが住民である。ドイツのハンブルク市は二〇二四年の夏季大会に立候補したが、巨額の開催費負担を巡って住民の意見が割れていたため、住民投票を行った結果、賛成四八・三%、反対五一・七%で撤退を決めている。つまり、民主主義が機能しているのだ。

また、開催都市にいったん決まった後、開催権を返上した例もある。一九七六年冬季大会の開催が決まっていた米コロラド州のデンバー市だ。理由は、環境破壊への懸念と負担費用の大きさだ。

一九七六年は米建国二百周年にあたり、コロラド州が成立して百周年にもあたる年だった。デンバー市はそのお祝いを兼ねて、オリンピック招致に動き、一九七〇年のＩＯＣ総会で三度の投票を経て、開催都市を勝ち取った。

ところが、州選出のロバート・ジャクソン下院議員（民主党）が一九七一年、ＡＰ通信のインタビューで、「これ以上オリンピックにお金を使うべきでない」、「教育、自然環境の保護、高齢者福祉のほうが優先度が高い」と批判の声を上げた。

当時のコロラド州知事は共和党員で、州議会も共和党が多数を占めていた。推進派は、デンバー・オリンピック大会組織委員会（ＤＯＯＣ）がすでに七十五万ドル（当時のレートで二十七億円。以下同）を費やしているなどと主張し、今さら何を言うのかと妄言扱いした。

しかし、その後、後に州知事となるリチャード・ラム氏がオリンピック反対運動を始めた。ラム氏は大会開催に伴う環境破壊を懸念し、ＩＯＣや組織委などの推進側を問いただした。ラム氏は後にオリンピック反対を決意した理由について、「私が環境について質問するたびに、〝オリンピック・ピープル〟は〝心配ない〟と言うだけだった」と述べている。新型コロナ禍での開催が感染拡大を招くのではと問われ、「安全・安心」と答えるだけの菅首相とバッハ会長を彷彿とさせる。

ここまではよく似た展開だが、その先は彼我の差が表れる。

ラム氏らは地元の山岳地帯の環境保護運動を推し進め、オリンピックの競技開催に反対した。ＤＯＯＣは環境保護に同意し、競技予定地を変更した。しかし、デンバー市から百五十キロから二百キロ離れた遠方の競技会場となるため、選手や大会関係者の送迎費用が大きく膨らむことになった。

さらにＤＯＯＣは一九七二年、大会経費が三千万ドル（約九十億円）と説明。招致時の五百万ドル（約十八億円）をはるかに上回ることが明らかになった。しかも、すでに百十万ドル（約三億三千万円）を諸経費に費していた。ＤＯＯＣの場当たり的な対応は批判され、公金支出の透明化を図る州法改正案が州議会に提案された。この改正案は住民投票にかけられ、圧倒的に支持された。デンバー市でも同様の住民投票が行われ、法改正が支持される。そして、デンバー市はＩＯＣに開催権返上を通告し、ＩＯＣは急遽、開催地を一九六四年大会の開催都市だったオーストリアのインスブルック市に変更したのである。

東京オリンピック開催を巡る議論とは異なり、コロラド州とデンバー市は「すでに決まったこと」として、なし崩し的に開催する道を拒絶した。

ちなみに一九七〇年のＩＯＣ総会で決選投票の末、デンバー市に敗れたスイスのヴァレー州の州都シオンは二〇二六年大会招致に動くが、州予算を大会に充てるかどうかを問う住民投票で支出を否決され、招致委員会は撤退を表明した。

オリンピックに反対することが民主主義だと言うつもりはない。「決まったこと」だからと、なし崩し的に進めるのではなく、立ち止まって公金支出の在り方を問うのが民主主義のプロセスだと言いたいのである。それが、これらの都市では機能した。日本では新型コロナ禍を理由にした中止・再延期の主張に対し、推進派からは「国際公約に反する」などの反対論が出た。しかし、実際にそれをなし遂げた例があることは示しておきたい。

スポンサーとなった報道機関の罪

言うまでもないが、民主主義を機能させるには、報道機関の活動が要となる。しかし、今回、日本の報道機関はその役割を自ら放棄した。

政府、東京２０２０オリンピック・パラリンピック組織委員会、東京都、ＩＯＣの四者によるオリンピック強行開催を止められなかった大きな理由のひとつは、間違いなく報道機関が機能しなかったことにある。読売新聞、朝日新聞、毎日新聞、日本経済新聞、産経新聞、北海道新聞の六社が、カテゴリーは違うが大会スポンサーに名を連ねた。また、テレビ局は長年、キラー・コンテンツの放送権と引き換えに、巨額の放送権料をＩＯＣに支払うのが常となっていた。

報道機関として民主主義社会に果たす責務には無頓着で、私益の追及を無邪気に進めた結果、オリンピックのための「大政翼賛会」へと無自覚に自らを組み込んでしまった。オリンピック強行開催の推進機関となり、引き換えに日本の言論・報道の自由を損ね、国民の信頼を失った。オリンピックが開幕してからしばらくの間、それまで唱えてきた新型コロナ下でのオリンピック開催のリスクに関する報道は影を潜め、日本人選手のメダルラッシュを嬉々として伝える姿は、ＳＮＳなどで「手のひら返し」と揶揄《やゆ》された。

当時、組織委の会長だった森喜朗元首相の女性蔑視発言と辞任を巡る一連の報道の経緯をたどれば、日本の報道機関の体たらくはよりいっそう明らかになる。

女性蔑視発言で世界に恥をさらした森元首相

問題の発言があったのは二〇二一年二月三日だった。JOC（日本オリンピック委員会）臨時評議員会での発言は、その日のうちに報じられたが、初報は小さかった。翌日、朝日新聞と毎日新聞の社会面では三段から四段で報じられたが、読売新聞は第三社会面ベタ記事だった。NHKは三日夜のニュースでは女性蔑視発言に触れず、翌四日早朝に海外の報道を引用する形でようやく伝えた。

日本の報道機関が批判のトーンを上げたのは、森会長が発言撤回の会見を開いてからだ。ただ、報道の中心は、IOCやスポンサー、NBCの動きを伝える形で、「批判の声が高まっている」というものだった。

報道機関のオリンピックに対する腰の引け方が尋常でなかったのは、世論調査の内容が、政府の都合のよい形に歪められたことを見てもわかる。

二〇二〇年十月、オリンピックの延期が決定してから半年後に、NHKの世論調査に延期されたオリンピックの開催の是非を問う設問が復活した。結果は、「開催すべき」が四〇%、「中止すべき」が二三%、「さらに延期すべき」が二五%だった。新型コロナ感染収束がまったく見通せない中、オリンピック開催を巡り世論は割れ、中止・延期が開催を上回る状況が始まった。二カ月後の十二月の調査では、「開催すべき」が二七%、「中止すべき」が三二%、「さらに延期すべき」が三一%だった。「中止すべき」が「開催すべき」を上回った。

アベノマスク支給を巡る高額な予算や配布時期の遅れに象徴される政府の新型コロナ対応への批判が高まり、体調不良を理由に安倍首相が辞任し、菅首相が後を継いでいた。発足当初は高い支持率を誇った菅政権だったが、新型コロナ下で経済も回すという「ＧｏＴｏキャンペーン」を巡り、外食や旅行、宿泊促進と感染抑制は両立できないのではないかという国民の不安と不満を受け、支持率は急落する。

諸外国でも感染爆発が起き、日常生活を続けることすら困難な状況に陥った。オリンピックの予選再開は相次いで見送られ、二〇二一年七月開催の雲行きは怪しくなった。

二〇二一年一月のＮＨＫの世論調査で、菅内閣不支持が支持を初めて上回った。新型コロナウイルス感染拡大に対する政府の対応についての問いに対し、「大いに評価する」が三％、「ある程度評価する」が三五％、「あまり評価しない」が四一％、「まったく評価しない」が一七％だった。「評価しない」が過半数を超え、政府の新型コロナ対策への不満が支持率の低下につながっていることは明らかだった。

そして、オリンピック開催についての問いには、「開催すべき」が一六％、「中止すべき」が三八％、「さらに延期すべき」が三九％だった。前年十二月の調査より「開催」が一一ポイント減り、「中止」と「延期」の合計は、なんと七七％にのぼった。ＮＨＫに先立って行われた一月の共同通信の世論調査でも「中止」と「延期」の合計は八割を超えた。

政府の新型コロナ感染対策の遅れと、先の展望が見えない国民の正直な気持ちを反映した結果だったが、森元首相は色をなして噛みついた。

「世論調査を無視しろとは言わないが、世論調査にはタイミングと条件がある」

「世論の動向を見るのは大事なことだが、これをこうして発表しなければならんのかなと。私には疑問がある」

そう言い放ったのである。

日本の国民にとって不幸だったのは、ここで報道機関が変節したことだった。

すでに述べたが、森元首相の発言があった翌二月の世論調査から、NHKはオリンピック開催についての設問と回答を変更した。まず設問は、「東京オリンピック・パラリンピックの開幕まで半年を切りました」としたうえで、「IOC=国際オリンピック委員会などは、開催を前提に準備を進めています。どのような形で開催すべきだと思うか」との問いになったのである（傍線筆者）。そして、回答項目から「延期」がなくなった。これは明らかに、回答を開催賛成へと誘導する試みである。

ところが、結果は、「これまでと同様に行う」が三%、「観客の数を制限して行う」が一九%、「無観客で行う」が二三%、そして「中止する」が三八%と、誘導にもかかわらず「中止」の割合は前回と同じ、しかも四択のうち最多となった。

しかし、NHKは、前回の調査では「中止」と「延期」の合計を明記していたにもかかわらず、「中止」が最多であるとの表現を使わなかった。

予算を国会で承認してもらわなくてはならないNHKが政権に弱いとの世評は以前からある。だが、それとは別次元で歴然とした事実がある。IOCに対して日本の放送局が払う放送権料のうち、NHKの負担が最も多いということだ。

政権寄りの報道が多い読売新聞もまた、森発言以降に世論調査の方式を変えた。

二〇二〇年三月調査の回答項目は三択で、結果は「予定通り開催」が一七％、「延期」が六九％、「中止」が八％だった。三月二十三日の紙面の見出しも、「延期が69％」だった。安倍前首相は同日の国会で、「延期の判断も行わざるを得ない」と答弁した。ちなみに、朝日新聞も同時期の世論調査で、「延期する」が最も多く六三％で、「予定通り開催する」が二三％、「中止する」九％の順だったと伝えた。調査時期は三月十四、十五日。トランプ大統領（当時）が延期をほのめかし、安倍首相が急遽、電話会談した直後にあたる。

ところが、読売も二〇二一年二月八日付で報道した世論調査において、回答項目を四択に変更した。結果は、「観客を入れて開催」が八％、「観客を入れずに開催」が二八％、「再び延期」が三三％、「中止」が二八％だった。「開催」が二つに分かれたことで、「予定通り（観客も入れて）開催」は二〇二〇年三月調査より減ったものの、「開催」全体では三六％に増えた。しかし、新型コロナの猛威を反映し、「延期」は減り、「中止」が三倍以上に増えた。この結果を読売は一面ではなく二面で伝え、見出しは「五輪『開催』36％・『中止』28％」だった。最も多い「延期」でも、急増した「中止」でもなく、二種類ある「開催」の回答を合算した数値を最初に書いたところに同社の意思が表れている。

世論調査に右往左往するポピュリズムは否定されてしかるべきだ。しかし、世論調査そのものを左右するに等しい政治の圧力に従う報道の偏りは国民への裏切りに等しい。

未曽有の感染症である新型コロナが日本で収束するめどはなお立たない。ワクチン接種がひとつの希望ではあるが、変異種の登場はわずかな希望すら打ち砕きかねず、そもそも国民の大半が打ち終える時期はなお見えない。日本政府がすべてを見通して対応できるものではない。だからこそ、国民に情報をあまねく公開し、より多くの人の納得が得られる政策を打つしかない。それが民主主義である。

だが、この国難において政府、そして新聞、テレビの主要報道機関が取ったのは、政府にとって都合の良い情報の提供ではなかったか。国民はオリンピック中止の選択肢を最初から奪われた。その果てが、緊急事態宣言下で開かれる史上初の無観客オリンピックだ。感染が収束してから開催し、日本人のみならず海外の観光客と一緒に選手の活躍を競技場で直接観戦する。当たり前の未来は、オリンピック開催で別の利益を得ようとする政府と主要報道機関に奪われた。

大手新聞社がオリンピックのスポンサーを務め、テレビ局が巨額の放送権料をIOCに支払っていることは、周知の事実だ。だが、平時には「平和の祭典」として歓迎されたオリンピックも、もはや感染爆発リスクの高い集客イベントのひとつに過ぎない。イベントへの資金提供の見返りに自社媒体で報道するという報道機関の旧来のビジネスモデルは、新型コロナで終わったのだ。

新型コロナの世界的流行が収まらず、日本で第五波の感染拡大が始まった真最中にオリンピックを強行開催したのは、国民の生命・健康とオリンピック開催の利得を天秤にかけ、結局、国民を切り捨てたに等しい。新型コロナ感染に対し有効な対策を打てない以上、オリンピック中止は、感染拡大を食い止める有力な選択肢だった。

その現実を踏まえたうえで国民的議論を喚起し、開催であれ中止であれ、国民が選択する道を報道機関は示すことができなかった。自身のオリンピック・ビジネスを優先した果てに報道機関を待つのは、国民からの信頼失墜しかない。

認知バイアスにとらわれた推進派

オリンピックを強行開催するにあたって、推進派の多くが、「すでに多額の税金をつぎ込んでいるのだから開催すべきだ」と主張した。これは、まったく筋違いの主張である。

確かに東京オリンピックにつぎ込まれた税金は巨額なものだ。

東京都は招致段階で開催経費を総額七千三百四十億円としていた。内訳は、組織委員会三千十三億円、国や都などの公的資金三千百十三億円、民間資金千二百十四億円だ。

二〇一二年、大会招致時の猪瀬直樹知事（当時）は「コンパクト五輪」を掲げ、ツイッターで「誤解する人がいるので言う。２０２０東京五輪は神宮の国立競技場を改築するがほとんど40年前の五輪施設をそのまま使うので世界一カネのかからない五輪なのです」とつぶやいた。猪瀬知事はまた、二〇一三年五月にロシアのサンクトペテルブルクで開かれた国際スポーツ会議の場で、「キャッシュ・イン・ザ・バンク」と述べ、東京都には四十五億ドルの資金があると財政力をアピールした。当時は現在よりも円高だったため、約四千億円にあたる。公的資金の負担分をまかなって余りある額だ。

だが、内訳のひとつである公的資金の設備投資の項目には、すでに競技会場に二千六百九十四億円の支出が明記されていた。これには後に建設費が膨張した新国立競技場の予算も含まれていた。猪瀬氏は、「40年前の五輪施設をそのまま使う」と本当に信じていたのだろうか。

後に詳述するが、都は猪瀬氏のつぶやきと同年、二〇一二年の八月に国立競技場周辺の住民向けに説明会を開き、「8万人規模のスタジアム」を建てるので立ち退いてほしいと要請している。これは「国策」だと。猪瀬氏はそんな重要なことを知らされていなかったのか。

オリンピックの開催経費は、恒久施設は国や都などの行政、それ以外の一時的施設は組織委と分担が決まっていた。この仕組みが、予算を膨張させるメカニズムであり、国民の目から隠す役割を果たした。

実際、七千三百四十億円だった大会予算は、新型コロナウイルス感染拡大に伴う延期費用約三千億円が加わったこともあり、現在は一兆六千四百四十億円にのぼり、感染対策の泥縄式の追加でかさみ続けた。すでに史上最高額だった二〇一二年ロンドン大会の約一兆五千億円を上回って、記録を更新中である。しかも、これは内閣官房が認めた金額に過ぎない。会計検査院はこれまで二度にわたって、国のオリンピック関連費用が1兆円から2兆円にのぼると指摘してきたが、内閣官房はその都度、政府支出額を少なく算定し、全体の金額を小さく見せてきた。

会計検査院は企業でいえば監査法人にあたる。監査法人が同意しない企業決算は、「粉飾」と呼ばれることもある。実際、会計検査院が予算支出の問題点を指摘した場合、政府機関はそれに従ってきた。会計検査院法第一条は、「会計検査院は、内閣に対し独立の地位を有する」と定めている。ところが、オリンピックにおいて、政府は会計検査院の指摘を無視し続けた。会計検査院の指摘を反映した東京大会の予算は三兆円を超える可能性が高い。

だが、かけた予算がもったいないからといって、新型コロナ下での強行開催を正当化することはできない。

経済学では、このようなすでに費やした予算を「サンクコスト（埋没費用）」と呼ぶ。「初期費用」や「維持費」と同様、事業についての重要な指標だ。

サンクコストは維持費と異なり、初期費用と同様に支出済みのため、その事業を中止、撤回しようとも、もはや取り戻せない。このため、事業継続についての意思決定の判断材料にしてはならない。

オリンピックでいえば、開催しようと中止しようと、運営準備費や競技場などの建設費は今さら増減しない。

つまり、中止すると、すでにかけた費用が無駄になるという考え方は、「認知バイアス」の一種で、思い込みに過ぎない。投資継続が損失拡大につながることが明らかでも、それまでに費やした労力やお金、時間などを惜しんで投資をやめられない心理状態に陥っているだけなのだ。

これは「コンコルド効果」とも呼ばれている。英仏共同開発の超音速旅客機コンコルドの商業的失敗から生まれた言葉で、両国は開発途中ですでに採算が取れないことを認識したにもかかわらず、開発・就航を続行し、最終的に量産前に生産を打ち切った。燃費が悪く、運賃が高くなったことで、速度以上の利点を利用客に示せなかったためだ。開催を中止したら、それまでかけたお金が無駄になるという考え方から脱却することの重要性を伝える事例だ。

新型コロナ禍で、政府や東京都、組織委員会、ＩＯＣはまさにこの認知バイアスに陥った。

菅首相は周辺に開催理由を「いろんな人が努力してやってきたから」と漏らした。政権幹部の一部からの中止の進言をはねのける理由は、まさにサンクコストにとらわれた姿そのものだ。

経済波及効果のまやかしも、ここで述べておく。

延期、中止、無観客開催、通常開催などの経済波及効果を研究機関などが試算している。そのうち都が試算した「32兆円の経済効果」を引き合いに開催を主張した与党の国会議員もいる。しかし、ここで使われている経済効果の大半は、すでに競技施設などで実現したものだ。さらに訪日外国人観光客の入国を中止した段階で、当初もくろんだ観光需要は喪失した。中止すれば巨額の損失が発生するかのような主張は誤りだった。

大会中止の経済効果を試算したレポートは複数のシンクタンクや研究者も公表しており、大半は中止すれば経済損失が巨額にのぼるという内容だ。

だが、野村総合研究所の木内登英《たかひで》エグゼクティブ・エコノミストが二〇二一年五月二十五日に公表したレポートは一味違った。見出しこそ、「中止の経済損失1兆8000億円」だが、開催時の感染拡大リスクが経済効果を打ち消すことを指摘したのである。感染拡大のパターンが想定しきれないためか、具体的な損失額は明示していないが、一方で、感染拡大に伴う政府の緊急事態宣言が、国内総生産（GDP）を押し下げた金額が一回目から三回目で各約四兆九千億円から約六兆四千億円にのぼると試算。「大会を中止する場合の経済損失は、緊急事態宣言1回分によるものよりも小さいのである」と断じた。

木内氏は日本銀行の審議委員を務め、黒田東彦《はるひこ》総裁の大規模金融緩和継続に「少数派」として反対してきた。現在所属する野村総研の筆頭株主である野村ホールディングスは、東京大会の「ゴールドパートナー」を務めている。それだけに、木内氏の指摘は重い。

中止を日本側から言い出すと違約金が発生するとの俗説も誤りだ。国際オリンピック委員会（IO

C）と都が結んだ開催都市契約に、「明示的な規定はない」（組織委）からだ。朝日新聞は七月十六日付の記事で、オリンピックの簡素化のために、オリンピックとパラリンピックの開閉会式を合同でできないかと組織委会長だった森元首相が提案したところ、「ＩＯＣは多額の放映権料を支払う米テレビ局との契約をちらつかせ『違約金が払えるのか』と迫ってきたという」と報じた。これが事実なら、森元首相には頑張ってほしかったところだ。日本の報道機関を世論調査の結果で恫喝《どうかつ》する暇があるなら、そこでＩＯＣに嚙みつくのが筋だったのではないか。

「延期は一年」の背景

新型コロナの蔓延によって、開催は一年延期された。なぜ「一年」だったのか。一年後にパンデミックが収まっている確証などどこにもなかった。むしろ、一年で終息するのは無理だと考えている専門家のほうが多く、実際そうなった。

当時の状況を整理すると、以下のようになるだろう。

それまで中国への配慮から「パンデミック」という言葉を使わなかったＷＨＯ（世界保健機関）のテドロス事務局長でさえ、二〇二〇年の三月十一日、ついに、「新型コロナはパンデミックと言える」と宣言し、世界中に感染が広まることを誰もが認めざるを得なくなっていた。

その翌日、ＩＯＣはギリシャで採火式を行った。観客は入れなかったものの、予定通りの開催にこだわる姿勢をアピールしたのだ。臨席したバッハ会長も、大会を予定通り開催すると繰り返した。

新型コロナ感染が拡大するのは誰の目にも明らかだった。ギリシャで採火式があった日、当時の安倍首相と小池都知事は、首相官邸で会談していた。対外的には、新型コロナ関連での都から政府への緊急要望についてだったが、これを境に日本側は通常開催をあきらめ、延期に向けて舵を切ったとみられている。

ここで見えるのは、オリンピックを延期して、世界中から観客を入れて開催したい日本と、たとえ無観客でも予定通り開催したいIOCの対立構造である。オリンピックによるインバウンドを期待している日本は当然、無観客の開催は避けたい。しかし、主たる収入源が放送権料であるIOCにとって、競技の映像さえ配信できればお金は入るので、無観客でも、放送局の都合のよい時期に開催したい。延期によって二〇二一年、二〇二二年に開催すると、他の大きなスポーツ大会と時期が重なってしまう。これは放送局にとっては都合が悪い真実だ。世界のスポーツ・イベントは、周到に計画されてスケジューリングがなされている。それでIOCは通常開催にこだわった。一方で、日本国内では、中止すべきという声も強くなっていった。

採火式の二日前にあたる三月十日、組織委の高橋治之理事は、米経済紙「ウォールストリート・ジャーナル」のインタビューで、「一年か二年の延期が現実的な選択肢」と発言。これに対し、森喜朗組織委会長は「とんでもないこと」と猛反発してみせたが、本心かどうかは疑わしい。

高橋理事は電通の元専務で、オリンピック・ビジネスに長く関与してきた。後日、高橋氏は周辺に、「日本のメディアではなく、影響力のある海外メディアを使った」と話している。日本では延期を飛び越えて中止が議論され始めていた。オリンピック推進派の高橋理事としては、それだけは避けたい。

そこで、延期の流れを海外発で作ろうとしたのである。安倍首相と小池知事、高橋理事の思惑は、日本側が主導してIOCに延期を呑ませることにあったと考えられる。

思わぬ援軍もあった。米国のトランプ大統領（当時）が三月十二日、「無観客など想像できない。一年間延期したほうがよいかもしれない」と発言したのだ。メダル候補の有力選手を多数派遣しているうえ、巨額の放送権料を支払うことでIOCに強い影響力を持つNBCがある米国の大統領の言葉は重い。

平仄《ひょうそく》を合わせるかのように、安倍首相は翌十三日、トランプ大統領と電話会談を行った。安倍首相が「無観客での開催はあり得ず、世界中の人々に感動を与えるようなオリンピック・パラリンピックにしたい」と述べると、トランプ大統領も「シンゾーに一〇〇％同意するし、一〇〇〇％支持する。日本の成功を確信している。美しい東京、国立競技場でオリンピックが開催されることを楽しみにしている」と応じた。

安倍首相は三月十六日、テレビ会議形式による主要七カ国首脳会議（G7）で、「コロナウイルスに打ち勝って、『完全な形』でオリンピック・パラリンピックを行うことが一番重要だ。G7首脳の共通理解にして、支持と連帯を示してほしい」と要請。英国のジョンソン首相や米国のトランプ大統領が「グッド・ラック」と応じ、他国の首脳も賛同した。これで、ぼんやりとしてはいるが、「完全な形」での開催にG7首脳の支持を得たという形を整えた。裏返せば「完全な形」でなければ、この年は開催せず延期もあり得ることになる。

日本政府も伝統芸でもある「国際公約」による〝ガイアツ〟で国内での中止論を抑え、同時にIO

Cに対する交渉材料を得たともいえる。

ちなみに、後にこれに乗っかる形で、オリンピックの開催を強く主張した人物が竹中平蔵パソナ会長である。竹中会長は、二〇二一年六月六日、テレビ番組の中で、オリンピックの中止を求める世論に対し、「世論が間違ってますよ。世論はしょっちゅう間違いますよ」、「世界のイベントをたまたま日本でやることになっているわけで、日本の国内事情で世界のイベントをやめますということは、やっぱりあってはいけない」と発言し、まさに政府を援護射撃した。

パソナは組織委の最下位ランクのスポンサーにあたるオフィシャルサポーターだ。組織委のアルバイトなどオリンピックに関連した事業を独占的に請け負っている。

大会の会場運営は、組織委から大手広告代理店を通じて民間事業者に委託されているが、その費用があまりに高額であることを、毎日新聞が契約書を入手してスクープした。二〇二一年五月二十六日に開かれた衆院文部科学委員会でも同じ資料をもとに野党議員が追及している。そこで組織委の布村幸彦副事務総長は、「すべてにわたってパソナさんの権利が及んでいるという実態はない」としつつも、組織委の派遣職員の「ほとんど」はパソナから優先的に派遣されていることを認めた。

また、パソナは、新型コロナ禍に伴い経済産業省が約七百億円で委託発注した持続化給付金事業の受注先のひとつだ。これはサービスデザイン推進協議会から電通などに二次、三次と再委託されたことが「税金の中抜き」と批判された。しかし、こうした事業の好調さを受け、パソナの二〇二一年五月期決算は増収増益だった。営業利益は前期比八八・五%増の百九十九億円、純利益は約十一倍の六十七億円にのぼった。オリンピック様々であるとはいえ、我田引水に過ぎる発言をはばかることのない人物が我が国のオピニオン・リーダーなのである。

話を戻すと、安倍首相がＧ７首脳の賛同を取り付けていたところ、新型コロナは世界各国で猛威を振るい、多くの競技が予選会中止に追い込まれていた。特に欧米では三月中旬からロック・ダウンが相次ぎ、ＩＯＣが本部を置くスイスのローザンヌ市でも患者が増え始めていた。

各国の代表選手候補は練習不足に陥り、通常通りの大会開催はできないのではないかと、多くの人が感じ始めていた。

それでもＩＯＣは三月十七日、電話会議の形式による臨時理事会で、「大会まで四カ月以上あり、今は重大な決断を下す時でない」と、通常開催の準備を進めていく方針を確認した。続いて各国際競技連盟（ＩＦ）のトップからも通常開催の了承を得た。しかし、いずれも感染対策などの具体的な基準が示されなかった。

こうしたＩＯＣの対応に欧米のＩＯＣ委員やスポーツ団体幹部から批判が噴出した。

ＩＯＣのヘイリー・ウィッケンハイザー委員は同日、ツイッターで、「今回の危機は、五輪よりも大きなものになった」、「三カ月後はもちろんのこと、今後二十四時間で何が起こるかも分からない」、「選手は練習もできず、観客は渡航計画を立てられない」などと現状を分析した。

そのうえで、「ＩＯＣがこれだけ断固として続行を強調するのは、人類の状況を踏まえれば、無神経で無責任だ」と、通常開催を目指すＩＯＣを〝人類の敵〟呼ばわりしたのである。

ウィッケンハイザー委員はカナダの元女子アイスホッケー代表で、二〇〇二年のソルトレークシティー五輪から四大会連続の金メダルを獲得したオリンピアンだ。

スペインオリンピック委員会会長も、「選手は十分なトレーニングもできず、大会が開かれても不平等になってしまう。選手は不平等な条件のまま参加することはできない」と、大会延期を求める声明を公表した。

ギリシャでも三月十九日、聖火リレーの最終ランナーを務めた陸上女子棒高跳びの金メダリストのエカテリニ・ステファニディ選手が、「今年十月か、一年後か、二年後か。もし代替案を検討しているのなら早く示して選手たちに共有してほしい」と訴えた。

ここに至ってバッハ会長は、海外メディアの取材に対し、「別のシナリオを考えている」と述べ、通常開催を見送る可能性について初めて言及した。IOCはオリンピックに関係するIOC委員や各国オリンピック委員会（NOC）、各々のIF、スポンサーを「オリンピック・ファミリー」と呼び、文字通り家族、身内として結束を固めている。バッハ会長が揺らいだのは、日本の外交攻勢が理由ではなく、身内の離反に原因があったのだ。

バッハ会長にとってさらに深刻な事態が進行していた。国際スポーツ興行の世界でIOCのライバルにあたる国際サッカー連盟（FIFA）が三月十七日、重大な決定を下していた。FIFA傘下の欧州サッカー連盟（UEFA）と南米サッカー連盟（CONMEBOL）は六月のヨーロッパ選手権と南米選手権を一年延期すると発表したのである。IOCにとって、FIFAの判断は無視できない。もともとオリンピックと一線を画すFIFAは、オリンピックへのプロサッカー選手派遣を制限するなど、他のIFよりも強い発言力がある。自らが国際サッカー大会を新型コロナ感染拡大で延期する中、同時期にオリンピックが開催されるとなると、選手派遣を制限するのは明らかだった。そうなればＩＯＣ、いや、バッハ会長のメンツは丸つぶれだ。

こうした状況を受け、英陸上競技連盟と米水泳連盟は三月二十日、東京大会の延期を要請した。カナダのオリンピック委員会は三月二十二日、選手の安全確保を理由に選手団を派遣しないと表明。「世界はスポーツよりもずっと重大な地球規模の健康危機のさなかにある」とした。

こうしたことを受けて、ＩＯＣは三月二十二日、東京大会延期の検討を明らかにした。

組織委の森会長は同日、バッハ会長との電話会談で、「完全な形での開催」を目指す日本の方針を伝えた。これは延期の提案ではないが、意味するところは同じだ。それに対するバッハ会長の答えが、「選択肢として中止はない」であったことからもそれはわかる。この情報を森会長から伝えられた安倍首相は三月二十三日の参議院予算委員会で、「完全な形での実施という方針に沿うものだ」とバッハ会長を評価したうえで、「仮に、それが困難な場合には、アスリートのことを第一に考え、延期の判断も行わざるを得ないと考えている」と添えた。

こうした腹芸を経て、三月二十四日、安倍首相とバッハ会長の電話会談で、延期に合意したのである。日本政府もＩＯＣも互いの腹を探りながら、互いに利益はない中止を避けるため、とりあえず延期で妥協したことが見て取れる。

このとき日本が最優先ですべきだったことは、開催と延期、中止の財政負担と経済、社会への影響を検討することだった。政府内ではオリンピック開催と延期、中止を極秘に試算した結果、中止が最も財政負担が少なかったとも伝わる。だが、安倍首相はそうしなかった。

また、延期は一年で、なぜ二年でも四年でもなかったのか。安倍首相は明示しなかったが、森組織委会長（当時）は朝日新聞の取材に対し、森氏自身は二年延期が必要と考えたが、安倍首相が「一年でいいんだ」と答えたため、「総理は二〇二一年に賭けたんだ」と感じたことを明らかにしている。

当時、欧米でワクチン開発の動きは急加速していたが、完成時期も普及のめども立っていなかった。一方、安倍首相の自民党総裁任期は二〇二一年九月で切れ、衆院議員は同年十月で任期満了となることは確定していた。一年後に開催できるという疫学的根拠はゼロ、文字通り「賭け」だった。

オリンピック中止を避けたいという利害が一致しただけで、IOCにも疫学的根拠があったわけではない。IOCは三月三十日、科学的な検証もないまま、一年延期を正式決定した。延期決定後にIOCがホームページに掲載した「よくある質問」に次のやり取りがある。

Q　感染爆発がいつ制御されるか誰にもわからないのだから、2022年に東京オリンピックの日程を変更したらどうか。
A　IOCの日本のパートナーと首相は、日本が遅くとも来年の夏を超えて延期できないことを非常に明確にした。延期は、組織委員会にとっても国全体にとっても、巨大事業だ。まず第一に、大会の中心である選手村を確保する必要がある。同じことがすべての競技会場に当てはまる。何千人もの人々が働き続ける必要もある。すべてのパートナー、スポンサー、地域および地方自治体が協力する必要がある。延期には、関係者全員の制限と妥協を伴う。延期の青写真はないが、IOCは、すべての複雑な部分が一緒になって素晴らしいゲームを提供することを確信している。

ＩＯＣは早くから、一年延期は日本側の意向だと逃げを打ち、「延期の青写真はない」と、一年延期で完全な形での開催が可能になる根拠がないことも認めていた。何が起きても、それは日本の責任だ。まさに、その通りのことが起きたのである。

オリンピックへの幻想

「私自身も緊急事態宣言を発した際には無観客も辞さないということを申し上げている」

菅義偉首相は二〇二一年七月八日の記者会見で、そう凄んでみせた。

八月開催予定だった日本最大級の野外音楽フェスティバル「ＲＯＣＫ　ＩＮ　ＪＡＰＡＮ　ＦＥＳＴＩＶＡＬ　２０２１」の主催者が、前日の七日に中止を決定したことを引き合いに、「なぜ五輪は開催が許されるのか」と記者が問いただしたのだ。同日夜、政府と組織委は、オリンピックを一都三県の会場では無観客で開催することを決定した。「完全な形での開催」からは程遠い結末である。

海外からの観光客の受け入れを中止したことでインバウンドも見込めず、無観客によってチケット収入もなくなった。開催地東京は四度目の緊急事態宣言下であり、イベントや飲食などへの波及効果もまったくない。メリットがなくなっていく一方で、不祥事ばかりが増えていく。

そもそも、このオリンピックは、国民的イベントの割に、仕切りに粗さが目立った。二〇一五年にはオリンピックのロゴのデザインを巡って盗作疑惑が持ち上がり、デザイナーは辞任、ロゴは改めてデザインされた。新国立競技場建設ではいったん決定した建築家が、費用が高すぎるとの理由で変更された。開会式の演出でも、担当者が変更されたり、演出のアイディアが女性の容姿を侮辱するものだとして、電通出身の演出の統括者が辞任したりするなどの騒動があった。開催四日前という、本当のぎりぎりの段階で、開会式の音楽を担当した作曲家が辞任。しかも理由が、高校時代に同級生の障害者に対しひどいいじめを行っていたことを、音楽雑誌で武勇伝のように語っていたことが発覚するという、実におぞましい話だった。これで終わりかと思えば、翌日、オリンピックの文化プログラムに出演予定だった絵本作家も、学生時代、教師に対するいじめを行っていたことを自伝の中で自慢げに書いていたことが問題となり、出演を辞退した。

とどめは、開会式の演出を担当する元お笑い芸人の〝解任〟だ。芸人時代のネタにユダヤ人に対するホロコーストを揶揄するものがあったことが、アメリカのユダヤ系人権団体、サイモン・ウィーゼンタール・センターで問題視されたのだ。オリンピック・パラリンピックの精神と真逆のことを平気でする人物を選んだことで、国民の大会に対する不信感はピークに達した。

内実がここまでボロボロだとは知らなかったのかもしれないが、これだけひどい状況であるにもかかわらず、菅首相は、無観客でも強行すると決めた。

「いくら反対していても、実際にオリンピックを見れば、国民はメダルラッシュに興奮して、それまでのことは忘れてしまうだろう」

と考えているのではないかとも述べたが、これだけ不祥事が重なり、新型コロナ感染もいよいよ拡大となれば、いくら忘れやすい国民といえども、この政権に見切りをつけるだろう。実際、国会議員の補選や地方議会選挙で自民党は連敗を喫している。願望が現実ではないことを突き付けられているにもかかわらず、あくまでオリンピックにすがり続けた。

これはもはや心理学の領域だが、菅首相の心には、オリンピックというものに対する幻想的で抵抗し難い何かがあるのかもしれない。

それは、一九六四年の東京大会の体験が生んだものだ。

確かに第二次大戦後の国際社会復帰の過程で、「平和の祭典」は大きな意味を持った。一九四〇年に予定されていた東京大会を、日中戦争の激化によって返上、中止したこともあり、初開催の意義は大きかった。

強く印象に残っているのは、オリンピックを契機に首都高が建設され、新幹線が開通したことだ。大規模なインフラ整備で都市景観が変わり、移動時間の劇的な短縮などによる生活向上を国民が実感した。また、訪日外国人を迎え入れるホスト国の人間として、恥ずかしくない振る舞いを身につけるべく行政が国民を矯正した。街中にゴミを捨てない、痰《たん》を吐かないなどというマナー向上はこれがきっかけだった。

東京都公文書館調査研究年報（二〇一八年第四号）にこんな記述がある。

【研究ノート】「東京都における『街をきれいにする運動』（昭和29年）に関する基礎的考察」によると、「オリンピックを翌々年に控えた昭和37年1月、東龍太郎都知事は年頭の挨拶において、都政の重点目標に首都美化を掲げ、単に街を美しくするだけでなく、道路・公園・上下水道の整備、河川の浄化から公衆道徳の高揚までが美化の対象であることを強調した。これ以後同年3月には首都美化審議会が設置され、首都美化推進本部、首都美化推進協議会、首都美化協力員、首都美化推進モデル地区等の組織も整備され、都民を巻き込んだ全都運動として首都美化運動が展開したのである。同運動は昭和39年（1964）のオリンピック東京大会終了後も継続、昭和50年度（1975）いっぱいで廃止となるまで、東京都の事業として推進された。

とはいえ、実のところ開催前の世論調査では反対が多く、松本清張、開高健、菊村到、大江健三郎などの作家もオリンピック閉会後に批評記事を書いている。何もかもがうまく行ったというのは、まさに幻想なのである。

よく引き合いに出される経済効果も、オリンピック景気（一九六二年十一月〜一九六四年十月）と呼ばれる好況期はあったものの、それは前後の高度経済成長の一部でしかなく、成長率も高度経済成長期のなかでそれほど高かったわけではない。

オリンピックを境に、すべてがよくなった——それはある種の幻想なのである。

菅首相は、二〇二一年六月九日の党首討論で、こんな思い出話を披露している。日本のお家芸だった柔道無差別級の決勝戦を振り返り、

「何よりも記憶に残っているのはオランダのヘーシンク選手です。日本柔道が国際大会で初めて負けた試合で悔しかったですけれども、その後の対応がすごく印象に残っています。興奮したオランダの役員の人たちが抱きついてくるのを制して、敗者である神永選手に対して敬意を払った。あの瞬間

というのは、ずっと忘れることができなかったんです」

と述べ、「そうしたことを子供たちにも見てほしい」と付け加えた。

しかし、スポーツ評論家の玉木正之氏によると、菅首相があげた感動の場面は、テレビで放送されたものではなく、市川崑監督の映画『東京オリンピック』のシーンであると指摘している。つまり、現実のニュースではなく、編集によって強調された、幻想の一部なのである。

坂上康博　一橋大学大学院教授インタビュー

異論を封じる〝暴力的手法〟となったオリンピック

――日本はどうしてこれほどまでにオリンピックをやりたいのでしょうか。先生のご指摘によると、戦後、ほとんどの時期でどこかの都市が誘致運動をしているそうですね。

坂上　一九五二年以降で計算して、五十八年四カ月、実に八四%にあたる期間をオリンピックの誘致運動あるいは開催に向けての準備に費やしています（笑）。一番、間が空いたのが一九七二年の札幌オリンピックの後ですが、五年半です。常に日本のどこかの都市がオリンピックに関わっているという状態がずっと続いているんです。日本はオリンピック中毒あるいは依存症になっている。今も札幌が手をあげていますね。そうなったのも、六四年の東京オリンピックの成功、これが決定的に大きかったと思います。

今回の東京オリンピックも、基底には前回大会の成功体験がある。JOCと日本体育協会（当時）が出した『日本体育協会・日本オリンピック委員会100年史』には、「次世代を担う子どもたちにも同じ経験をさせて活力と感動を与えたいという想い」から、オリンピック招致を決定したと書いてあります。招致運動は、そこから始まっている。菅義偉首相は、野党四党首との討論のなかで、突然六四年の東京オリンピックの思い出を語り始め、「東洋の魔女」と呼ばれたバレーボールの女子日本代表の活躍などを取りあげて「あの瞬間を忘れられなかった」などと延々と話しましたね。野党側の質問をはぐらかすひどい答弁でしたが、菅首相にとってみれば、それこそがオリンピックの開催意義の説明だったのでしょう。

このように六四年の東京オリンピックの体験、それへの強烈なノスタルジーが、今回の東京オリンピックの招致と開催を推進してきた人々の基底にあり、彼らを突き動かしてきました。そして、なぜコロナ禍でも開催するのかと問われても、ノスタルジーに寄りかかった現実逃避の説明で共感を得ようとする。

――しかし、今回の東京オリンピックで言われている「スポーツの力」は、ノスタルジー一辺倒ではないですよね。

坂上　そうですね。東京都議会がオリンピックの招致を決定したのは、東日本大震災から約半年後のことでした。共産党と生活ネットワーク・みらいは、招致は「民意に背く」、「最優先すべきは被災地の復興に向けた支援」だなどと反対しましたが、それに対して与党である民主党（当時）、自民党、公明党の三党が、「震災からの復興のためには、スポーツの持つ、人々を勇気づけ、そして夢と希望を与える力が何よりも必要」などと主張し、招致を決議しました。その後、東京オリンピック・パラリンピック招致委員会が打ち出したキャッチフレーズも「今、ニッポンにはこの夢の力が必要だ」でした。

こうして叫ばれるようになった「スポーツの力」というのは、スポーツの持つイメージに寄り掛かったもので、感情論に近いものです。震災復興のための政策としての有効性、復興政策全体の中での位置付けなどが何も吟味されておらず、内容的にはほとんど感情論の域を出ていません。

こうした感情論が力を持ったのは、第一に、先に述べたオリンピック中毒あるいは依存症とでもいうべき日本の状況。これがベースにあって、その上に、米紙が「フクシマの年の奇跡」などと報じた二〇一一年のサッカー女子ワールドカップでの「なでしこジャパン」の優勝、これが決定的なインパクトをもたらしました。都議会の招致決議の討論でも、この優勝によって「日本じゅうが歓喜の渦に包まれ、ひとつになり、多くの人々に夢や希望、感動を与えてくれました。人々を動かす、スポーツの持つ大きな力が改めて証明された」といった主張がなされました。さらにその翌年の二〇一二年ロンドン・オリンピックでも、日本が過去最多のメダルを獲得し、人々が「スポーツの力」を実感したわけです。ロンドン・オリンピック後、メダリストたちが東京でパレードをしましたね。すると、見物人が何十万人も集まった。あれでオリンピックに対する反対世論は封じ込められてしまったのだと思います。

――今回の東京オリンピックも、招致段階では、都民は反対のほうが多かったはずです。

坂上　いくつかの調査でもそれが示されていました。しかし、あの時は、スポーツがものすごく輝いて見えた。震災後の暗闇を照らす眩しい光源のようだった。スポーツ基本法も超党派で作りましたね。オリンピックにひとつの救いを求めたということだと思います。そしてそれが冷静な議論を吹き飛ばしてしまった。

――またオリンピックは、どんな手を打ってもデフレは止まらず日本経済がどんどんダメになっていく中で、それを変えるひとつの契機としても期待されていったのではないでしょうか。

坂上　戦後五十八年四カ月もオリンピックに費やしてきたという中毒あるいは依存症というべき日本の状況は、オリンピックがもたらす経済の浮揚効果に対する期待、もはやそれは信仰に近いものですが、それによるところが大きいと思います。東京オリンピックが開かれた六〇年代は、まさに高度経済成長が始まった「右肩上がりの時代」で日本の黄金の時代、一番輝いた時代として、国民の間でも強いノスタルジーがあります。菅首相をはじめ、その時代を体験している政治家たちにとってもそうであって、だから、それをもう一度ということでしょう。コロナ禍が始まる直前まで、当時の安倍首相もオリンピックによる経済の再浮揚を叫んでいましたね。しかし、オリンピックの経済効果というのはかなり限定的なもので、莫大な税金を投入するだけの効果を期待できないというのが多くの経済学者の見解ですね。それはあくまである世代のノスタルジーであって、根本的な経済対策からは程遠い、場当たり的なものだと思います。

――一九七〇年万博と二〇二五年大阪万博も同じですね。

坂上　そうだと思います。打つ手がない状況の中、一時的な刺激にすがりたいという、かなりノスタルジックな発想が基底にあるのではないでしょうか。本当にこれで日本経済、大阪の地域経済をプラスに転換させられるというような合理的な根拠に基づくものではないと思います。

――新国立競技場を造る時は、レガシーと言っていましたが、実際にはサブトラックを常設しないので、今回限りで陸上競技場としては使われなくなる。

坂上　その問題については今まで深く考えたことがありませんでした。見過ごしてはいけない重要な問題ですね。

他方、スポーツ界への利権分配という点では、オリンピックは強力な装置になっています。新国立競技場の建設を筆頭に普段ならできないことでも、オリンピックは例外扱いという状況を作ってくれるので突破しやすくなる。また、招致が決定したとたんに一気に開催までのスケジュールが決定し、何が何でもそれに間に合わせなければならなくなる。これが恐ろしい力を生み出す。期限が迫っているという理由で反対意見を押し切ることができるからです。そんなこと言っていたら間に合わないじゃないか、と。これで全部押し切れる。これは非常に暴力的な手法ですね。

――なぜ新型コロナが感染拡大しているのに開催するのか、という国民の疑問も、最後はそれで押し切った。

坂上　スポーツ界が利益配分に血眼になる背景には、もうひとつ日本のスポーツ政策の貧困さという問題があると思います。オリンピックのような機会でないと、本当に欲しいスタジアムなどができない。その地方版が国民体育大会です。国体を名目にしてそういうチャンスをつかまえないと、スタジアムなどがなかなか整備できない。

オリンピックや国体といった付加価値がないと、なかなかスポーツ施設の整備や選手の強化などが進まないのが、この国の実情です。だからひとつの機会に群がるわけです。そこで、オリンピックやワールドカップといった大きなイベントを招致するという戦略になってしまう。

——森喜朗組織委前会長の女性蔑視発言は、本人が建設を主導したスポーツ組織の拠点ビルで開かれた会議の席で出ましたね。スポーツ界が文教族の森前会長にすがるから、彼に権限が集中し、周囲も誰も問題発言を咎めない状況が生まれた。

坂上　政治家を担ぎ出さないと何も進まないのが日本のスポーツ界です。地方も同じです。与党の政治家が競技団体の会長などを務めていたり、地方の体育協会が票田組織になっていたりする例もありますね。

——さらに、今回は大手新聞社が大会スポンサーになりました。

坂上　これで日本も終わりだなと思いました。東京オリンピックへの批判がタブーとなってしまうと思ったからです。これはただの被害妄想かもしれませんが、大手新聞社から私のところに今回の東京オリンピックについての取材が来るようになったのは、延期が決まった二〇二〇年三月二十四日の直前からです。それまではまったくありませんでした。

ある大手新聞社の取材を受けた時、記者から、「当時はスポンサーにならないと報道に規制がかかる恐れがあると社内で言われていた」という話を聞きました。新聞社にとって、オリンピック関係の記事に制約がかかるというのは死活問題ですからね。そういうことであれば理解できなくはありません。しかし、スポンサーになって報道の自由を手に入れたはずなのに、実際には何らかの規制があったのか、それとも忖度による自主規制なのかわかりませんが、東京オリンピックのイメージを悪くするような事実や批判的な報道がほとんどなされなくなったように思います。

こうした報道の実情に関する検証も、今後、きちんとやらなくてはならないですね。これまでの研究で指摘されているのは、選手村用地の売却契約で、東京都が事業者を優遇していたことを、「赤旗」以外どこのメディアも問題にしなかったことです。まだこの一件の事例しか検討されていません。

——それにしても、これだけ問題があるオリンピックを、菅首相はどうして強行したのでしょうか。そこがよくわからない。

坂上　米紙のインタビューで「最も単純で簡単なのは中止することだが、政府の仕事は課題に取り組むことだ」と述べていますが、これは自分の気概や信念の表明に過ぎず、コロナ禍での開催について国民が納得するような説明は、これまでまったくなされていない。要するに、国民に説明できるような合理的な理由が何もないということですね。今さらやめるのが怖いというのもあると思いますが、それ以上に国民に言えないような政治的な思惑などが働いているということでしょう。

通常だとオリンピックの開催に合わせて百カ国ほどの首脳が集まります。菅首相は、この千載一遇のチャンスも逃したくなかったのでしょう。オリンピックの主催国の首相として、一瞬であっても世界の中心に立つことができるし、各国首相との会談をやれば自分の存在感をアピールでき、政権の浮揚にもなる。直前のＧ７サミットで各国首脳に「開催の支持を得た」などと言って、外堀を埋めて国内の反対論を抑え込んだのと同じようなことを思い描いていたのではないでしょうか。

——しかし、日本の主権という点では、大いに侵害されたところがあったわけです。それは新型コロナ対策で顕著に見られましたね。

坂上　オリンピック関係者だけ、普通はあり得ない特別扱いですね。入国後の待機日数も普通は二週間なのに、三日とか。確かにこれは日本の主権を侵しているようなものですね。今回の新型コロナ対応だけでなく、開催都市契約によってIOCは、通関の義務や知的財産権の侵犯の取り締まりの義務を開催都市と各国のオリンピック委員会、そして組織委員会に負わせています。特別扱いをさせるようになっている。

これまでそれが認められてきたのは、一言で言うとオリンピックの威厳とそれに対する信頼があったからです。オリンピックは国際的な平和運動であり、国連もIOCの要請を受けて一九九三年からすべての加盟国に対してオリンピック期間中の休戦を求める決議をしてきました。古代オリンピックの伝統を現代に蘇らせ、大会の開催期間だけでも全ての紛争を止めましょうというのは、オリンピックらしい伝統です。オリンピック憲章には、「人間の尊厳の保持に重きを置く平和な社会の推進を目指す」というのが根本原則として掲げられている。それは誰も文句を言えない崇高な目的です。そういう平和運動の一環だからこそ、その運営が治外法権的な、主権を侵すようなものを含んでいても、各国は認めてきたわけです。

また、IOCがこうした超法規的な権限を持つようになったのには、オリンピックがさんざん政治に翻弄されてきたという歴史も関係しています。政治的な介入をはねのけるためにはこうした権限を保持する必要があるということです。一九八〇年のモスクワ・オリンピックのボイコット、八四年のロサンゼルス・オリンピックのボイコットで、IOCが政治に対していかに無力かというのがはっきりした。それで、いかに政治に従属しないか、一線を守るかという課題に取り組んできた。超法規的な権限はその到達点でもあるのです。

――ＩＯＣがついに政治を押しのけた、とも言える。

坂上　オリンピック憲章には、招致に名乗りをあげた国の政府が「オリンピック憲章を遵守することを誓う」という証書をＩＯＣに提出しなければならない、と定められています。政府がオリンピック憲章に従うということまで誓約させているんですね。これには私も驚きました。ＩＯＣは政治に従属させられないために頑張ってきたんだと思います。しかし、それはオリンピックが真っ当な目標に向かって進んでいる運動であるということと、それに対する人々の信頼があって初めて成り立つ。今回は、そこがズタズタになったと思います。

第2章

オリンピック後、新型コロナ感染が爆発する

初めから〝ザル〟だった感染対策「バブル方式」。
入国した選手や関係者の感染は毎日、報道された。
「ウイルスに打ち勝ったオリンピック」という幻想にとらわれ、
日本で大量のウイルスが拡散する素地を作った罪は重い。
だが、問題はこれからだ。
ワクチン接種が進まなければ、秋に待つのは大流行という地獄だ。

自称「バブル方式」の大失敗

最初からわかっていたことだが、来日したオリンピック選手、大会関係者の間で新型コロナ感染が多数確認された。また、大会期間中、知らされることはなかったが、今、猛威を振るう変異種「デルタ株」に次ぐ「ラムダ株」が、オリンピック関係者によって持ち込まれていたことも明らかになった。これは、大会期間中の八月六日に米ニュースサイト「デイリー・ビースト」が配信した記事がきっかけだった。同サイトは、日本政府がペルーからの入国者の中にラムダ株に感染している人がいることを七月二十日に把握していながら、オリンピックの閉会まで隠蔽するのではないか、と報じた。実際、日本政府は、オリンピック閉会後になって報道を追認。その時、感染者がオリンピック関係者だったことを明かしたのである。

政府と組織委が「安全・安心」の根拠とした「バブル方式」は、政府、組織委、都、IOCの無責任ぶりの象徴として記憶されるだろう。

徹底した検査で、感染していないことを確認した選手や関係者を、外部から完全隔離した会場に集めて試合を行う。選手たちを泡に包んでウイルスから守るイメージから「バブル方式」と名付けられたシステムは、二〇二〇年、テニス全米オープンや米プロバスケットボール(NBA)が新型コロナ下での競技再開のため導入したものだ。

競技会場やホテルを外部から隔離した区域とし、事前のPCR検査で陰性証明を得た選手や関係者でなければ入れない。いったん区域内に入れば、選手らは外部との接触を禁止されるだけでなく、毎日ＰＣＲ検査をして、感染者を早期発見し、区域内での感染拡大を防ぐ。

だが、東京オリンピックの「バブル方式」は虚構だった。政府、組織委、都、ＩＯＣが繰り返してきた「やってる感」の道具に過ぎなかった。

バブル方式の成功例とされる二〇二一年のテニス全豪オープンは、出国時に陰性だった選手をまずチャーター機で入国させ、入国後の検査で陰性であっても二週間はホテルで隔離生活をさせた。通常の便では、一般客からの感染リスクを避けられないし、出国時に陰性だった選手は症状が出ていないだけかもしれない。いずれも新型コロナの潜伏期間を疫学的に考慮した処置だ。また、選手には毎日ＰＣＲ検査を実施した。

その厳しさがうかがえるエピソードとして、錦織圭選手のケースがある。飛行機の同乗者から陽性者が見付かったとして、錦織選手を含む選手、関係者五百人は別途二週間、自室で隔離された。ここまでしても選手や関係者から感染者は発生した。また、隔離されていない選手に比べ、隔離された選手は練習不足に陥るなど、感染対策に伴う選手間の練習格差が生じる課題も浮き彫りとなった。

一方、東京オリンピックのバブル方式は全豪オープンと名称こそ同じだが、実態は違う。

参加する各国選手は、出国前九十六時間以内のＰＣＲ検査を二回受け、七十二時間以内の陰性証明を得る必要がある。ＩＯＣによると、選手の八割はワクチンを接種済みだ。日本の入国検疫は、唾液による抗原定量検査を行い、陰性の選手は公共交通機関ではなく貸し切りの乗り物で、事前合宿地などの宿泊施設に移動する。原則三日間待機の後、選手は宿泊施設から競技会場まで貸し切りの乗り物で移動する。

選手は原則毎日検査し、選手村に入るのは競技開始五日前で、競技終了二日後に退去する。活動先を原則、宿泊施設、練習会場、競技会場に限定する。これが「安全・安心」の根拠だ。

しかし、よく読むと、枕詞のように「原則」の但し書きがついている。「例外」がちゃんと用意されているからだ。

IOCと組織委が六月十五日に公表した選手や大会関係者向けの指針「プレイブック」第三版には、入国後三日間の待機を免除する条件を次のように記載している。

・入国後3日間、毎日検査を実施し陰性であること、かつ
・東京2020組織委員会による厳格な監督（3日間の監督者による帯同やGPSによる行動管理）のもとで活動すること

GPSによる管理とは、スマホアプリの新型コロナウイルス接触確認アプリ（COCOA）や新たに開発した統合型入国者健康情報等管理システム（OCHA）を指す。

しかし、COCOAのダウンロード数は、二〇二一年七月末現在で三千万に届かず、アプリを利用しての陽性申告者は二万人余で、日本国内の陽性者の二％程度にとどまる。日本人ですら利用度が低いのに、外国語対応は英語と中国語のみのため、海外選手が使いこなすのは期待薄だ。スマホを持ち歩かなかったり、GPS機能を切ったりした場合は罰則の対象とすると組織委は言うが、あくまで事後の対応に過ぎず、感染拡大を防ぐ効果はない。

また、毎日の検査は、選手の代表者が唾液による抗原検査を回収する。これでは採取前にうがいするなどの検査逃れを防ぐことはできない。組織委は抜き打ち検査をするとしているが、具体策は閉会まで公表しなかった。

ＩＯＣと組織委は、プレイブック第三版に各種ルール違反者への警告や罰金、「一時的または完全な五輪からの失格、除外」という罰則を明記した。その実効性をどう担保するかは示されておらず、あくまで選手らの性善説に立った対応にとどまる。

そもそも、新型コロナ感染の潜伏期間は二週間あると世界各国やＷＨＯは認識しており、だからこそ各国は入国者の隔離や自宅待機を求めてきた。三日間陰性だからといって、感染していない証明にはならないのだ。また、検査の中で最も感応度が高いＰＣＲ検査でも精度は七割とされる。だから、偽陰性や偽陽性も発生する。

また、この感染対策は、飛沫や接触による感染を想定しているが、エアロゾルによる「空気感染」にはまったくの無策だ。こうした欠点は感染症学者が早くから指摘していたが、政府も組織委もＩＯＣも取り合わなかった。

ＷＨＯですら、空気感染を認めたのに、この対応はあり得ないものだった。ＷＨＯはもともと「飛沫と接触による感染」説を取ってきた。それに対し、エアロゾル感染の研究者が二〇二〇年四月に空気感染の可能性に警鐘を鳴らし、世界の科学者ら二百三十九人が二〇二〇年七月、ＷＨＯに対し空気感染のリスクを除外しないことを求める公開書簡を出した。そこから一年を経た二〇二一年四月三十日、ついにＷＨＯもホームページのＱ＆Ａに新型コロナウイルスが空気感染する可能性を認める見解を公表した。

「ウイルスを含んだエアロゾルまたは飛沫が吸入されるか、目、鼻、または口に直接接触すると、人が感染する可能性があります」

世界の新型コロナ死者はすでに四百万人を超えた。ＷＨＯの失態は別途、述べるが、そのＷＨＯですら認めた空気感染を無視した政府、組織委、ＩＯＣの罪は重い。

専門家の心配が杞憂でなかったことは、プレイブック第三版公表から一週間も経たずに判明した。六月十九日に成田空港から入国したウガンダの選手団九人のうち、コーチ一人が空港検疫で陽性と判定された。選手団は母国でアストラゼネカ社製ワクチンを接種済みで、出国前のＰＣＲ検査も陰性だった。この一点だけでも、バブル方式の前提条件が崩れていることがわかる。

しかも、感染判明後の日本の対応が最悪だった。

空港検疫で選手団の一人が陽性であれば、飛行機に同乗していた選手や他の観客も感染している恐れがある。ところが、空港検疫を管轄する厚生労働省はウガンダ選手団を待機させることもなく、事前合宿地である大阪府泉佐野市へのバスを見送った。

ウガンダ選手団の新型コロナ感染について、加藤勝信官房長官は六月二十一日、「厚生労働省において、陽性者の周囲に濃厚接触者の可能性があるか調査を行った上で、選手団等が滞在している自治体に情報提供を行う」、「各自治体で調査結果などを基に濃厚接触者の特定を行う」と述べた。

日本の水際対策はザル状態と、政府のスポークスマンが公式表明したに等しいが、加藤官房長官をはじめとする政府当局者はまったく気付いていなかった。

政府の発表を受け、泉佐野市保健所が六月二十二日に大あわてで濃厚接触者を調査したところ、翌日、選手一人の陽性が判明した。このため、選手団九人全員と空港から同行した市役所職員やバス運転手ら七人も濃厚接触者と認定され、隔離された。

この事例は三つの問題を明らかにした。ひとつは日本の水際対策の無能ぶり。ひとつは出国七十二時間前のＰＣＲ検査が万全でないこと。そして、もうひとつは新型コロナの潜伏期間は二週間（ＷＨＯ基準）を前提とした対策を取る、という点は譲れないことだ。

ところが、「安全・安心」と大見えを切った政府は、失敗を認めようとしなかった。六月二十四日の野党ヒアリングでは、内閣官房と厚労省検疫局の担当者が管轄の押し付け合いを野党議員の前で繰り広げた。

政府は六月二十八日、濃厚接触者の調査を空港で行うと、自治体丸投げ方針を転換したが、ＰＣＲ検査の精度と潜伏期間の問題は放置した。

オリンピックとパラリンピックの代表選手は一万五千人入国する。出国時の検査を潜り抜けた無症状の感染者が入国するリスクがある。しかも、入国時の検査はＰＣＲ検査よりも精度が低い抗原検査だ。

また、選手の「原則毎日検査」は精度の高いＰＣＲ検査ではなく、唾液による抗原検査を基本とする。毎日九時か十八時に検体を提出。十二時間後、つまり九時の検体は同日二十一時、十八時の検体は翌日六時に結果が判明する。結果判明前に感染の疑いが生じると、唾液によるＰＣＲ検査を行う。この間、特に待機場所は決められていない。抗原検査の結果が判明し、陽性の疑いが出ると、選手はようやく鼻咽頭PCR検査を受ける。この時は発熱外来で三時間から五時間待機する。

しかし、唾液検査の信頼性は選手の性善説に立つ頼りないものだ。オリンピックの歴史はドーピングの歴史だ。スポーツ仲裁裁判所（CAS）は六月二十二日、オリンピック競泳で二大会連続の金メダリストである中国の孫楊選手をドーピング規定違反により四年三カ月の資格停止処分とした。孫選手は検体を破壊するなどのドーピング検査逃れを行った。新型コロナ検査はドーピング検査と同等の監視下では行われず、検査逃れの誘惑に勝てなかった選手がいなかったとは断言できない。

さらに、組織委は入国後のコンビニや飲食店個室の会食利用を認めた。日本は新型コロナウイルスが存在しない清浄国ではない。選手がワクチンを打っていても感染しないわけではなく、陰性で入国した選手は感染リスクに晒され続ける。もともと虚構の「バブル方式」をなし崩しにする感染対策では、選手村が感染の苗床となりかねなかった。

穴だらけの感染対策に対し、バイデン米大統領の新型コロナ対策アドバイザーだった米ミネソタ大のマイケル・オスターホルム教授は、「科学的根拠を欠く」と批判した。

にもかかわらず、選手村には酒類の持ち込みが認められた。また大会中に十五万個のコンドームを選手へ配布予定だった。さすがに、これは批判を受けて、帰国前に渡すことになった。

選手村の構造もコロナ対策に大きな欠陥がある。大会後には分譲マンションとなるため、複数人の宿泊が前提だ。選手の一人が感染すれば、他の選手は濃厚接触者となり、最悪の場合はクラスターとなる恐れが強い。また、食事は四千五百人収容の二十四時間運営の大食堂が中心だ。「プレイブック」では、二メートル以上の距離を取り、同じグループで食事し、食事後に消毒するとしている。日本の飲食店の時短制限と比べ、よほど緩いやり方で感染を防ぐことはやはりできなかった。

そして、ＩＯＣと組織委、政府、都以外の誰もが予想していた通り、選手村で陽性者が見付かった。男子サッカー南アフリカ代表選手とスタッフ計三人が七月十八日、新型コロナの陽性者と判明する。チームは十四日、日本に入国した後、選手村に入っていた。翌十九日になって、濃厚接触者二十一人が認定された。組織委は「大多数が選手」というのみで、内訳を明かさなかった。

選手や関係者の行動規範を定めたプレイブックは、陽性者について、「継続した隔離又は入院が求められます。大会には出場できません」と記している。

では、濃厚接触者についてはどうか。プレイブックの記載は次の通りだ。

――陽性者の濃厚接触者である場合、当該接触者がウイルスを拡散するリスクを考慮し、ケース・バイ・ケースで適用される措置が決定されます。競技参加の許可を得るには下記が必要となります。

・専門家諮問グループ（ＲＡＥＧ）が決定する期間中、毎日受ける鼻咽頭ＰＣＲ検査の結果が陰性。

・日本の保健当局によって確認され、場合によって病歴も考慮された、ＲＡＥＧによるあなたの健康状況の肯定的な評価。

・ＩＦからの同意。

――競技参加が許可される場合、他者との接触を更に最小限に抑制すること、個室への移動、一人での食事、専用車両の使用、トレーニング中や競技会場における分離など、対策の強化が求められることがあります。

つまり、ＩＯＣと組織委は試合出場を可能としているのだ。

今、日本国内で一般人が濃厚接触者と認定されれば、保健所から十四日間の自宅待機を求められる。検査で陰性が確認されても、自主隔離期間は短縮されない。プロ野球やＪリーグも同様の対応をとるため、濃厚接触者の選手は試合に出場できない。

すでにこの時点で、オリンピックは特別扱い、というよりは、もはや治外法権の扱いだ。

だが、政府と組織委はさらなる特例を打ち出していた。濃厚接触者であっても試合六時間前のＰＣＲ検査で陰性であれば出場を認めることにしたのである。

これが疫学的に異常な判断であることは明らかだ。ＰＣＲ検査の精度は百パーセントではない。陰性だったから、感染していないとは証明できない。

だが、政府と組織委はこの特例を男子サッカー南アフリカ代表チームに適用し、日本代表は七月二十二日、試合を行った。閉会時点で、両チームから新たな感染者が発生したとの情報はないが、新型コロナの潜伏期間は二週間だ。この間、両チームは他の試合もこなしており、選手やスタッフ、審判の生命と健康を危険に晒した。

時系列を追うと、東京オリンピックの感染対策が無意味だということがよくわかる。

南アチームは七月十三日に母国を出国し、十四日に日本に入国した。そして、入国時と翌十五日の検査は陰性だったが、十六日の検査で陽性が判明した。南アチームの最高医療責任者であるファトゾンディ博士は、「陽性結果のタイミングは、これら個人のＰＣＲ検査が感染の潜伏期間中に行われたことを示唆している。南アフリカで陰性で、日本で陽性だった可能性がある」との見解を示した。

つまり、選手らは南アで感染したが出国時の検査ではわからなかったということだ。移動中の機内で感染したとしても状況は変わらない。オリンピック選手は入国後に二週間の待機を免除されているが、これでは新型コロナの感染対策にならないことを証明した。

試合六時間前のＰＣＲ検査が陰性であれば濃厚接触者も試合に出場できる根拠について、新型コロナ対策についてＩＯＣに助言することになっている独立諮問委員会のブライアン・マクロスキー博士は、七月十九日に都内で会見し、「六時間で感染に至るほどウイルス量が増える可能性は非常に低い」と説明した。

要は、濃厚接触者の選手は新型コロナに感染している可能性はあるが、試合中に相手選手に感染させるに至るまで体内でウイルスが増殖しないだろうというのだが、これも願望に過ぎない。この部分だけでも、ＩＯＣや組織委、政府、都が「安全・安心」の根拠とする「バブル方式」のいかさまぶりが明らかだ。

事実、組織委は毎日、選手村や宿泊施設での新規感染者を発表している。七月十九日時点で選手ら五十八人の感染者が見つかったことを「想定内」とし、「選手村は安全」だと主張した。もともとマクロスキー博士は「ワクチンを前提としない」東京オリンピックの推進者の一人。東京オリンピック延期決定一カ月後、ワクチンがなければ大会を再延期すべしとの主張が出てくると、すかさず、「ワクチンがあれば凄く役に立つが、たとえなくても安全な五輪を開催できるような他の対策は検討できる。挑戦にはなるが、できないと言うのは早すぎる」と反論した人物だ。

日本人を含む世界の多くの人々は感染収束後の開催を望んだが、マクロスキー博士は予定通りの開催のほうに価値を見出した。バッハ会長や菅首相にとっては好ましい人物であろうが、名ばかりの「バブル方式」を眉唾ものと見ていた日本人にとっては、迷惑な御用学者でしかない。マクロスキー博士は七月十九日の会見で、富裕国と貧困国のワクチン格差を懸念し、接種を条件にしなかったと明かし、「しかし、たまたま、予防接種がオリンピック村全体でかなり成功していることが分かった」、「感染防止のボーナスだ」と述べている。ご都合主義なのである。

選手村の出入りが事実上制限されていない実態が次々と明らかになったが、IOCと政府、組織委、都は「安全・安心」と言い張り、IOCのマーク・アダムス広報部長は二十九日の会見で、「選手村の強固なロックダウンにより、選手はパラレルワールドで生活している」、「私の知る限りでは選手や大会関係者から東京の人々に感染が広がった事例はひとつもない」と胸を張った。日本人が感染爆発で苦しむころ、彼らは日本にはいない。

組織委は閉会式当日の八月八日、大会期間中に選手や関係者ら計四百三十六人が陽性認定されたと発表した。七月一日以降の選手村や国内の事前合宿地での確認分で、国内在住者二百八十六人、海外在住者は百五十人。

陽性者の属性で分けると、大会関係者は百十二人、選手三十二人、報道二十五人、ボランティア二十一人、組織委職員十人だった。選手村の入居者は三十三人。陽性者のうち入院したのは三人だった。陽性者や濃厚接触者と認定された海外選手十九人は試合に出場できなかった。ギリシャ選手団ではクラスター（集団感染）も確認された。

組織委は、六日時点で大会関係者に行った検査が延べ約六十二万四千件にのぼり、陽性者は百三十八人、陽性率は〇・〇二％だったと公表。中村英正・組織委運営統括は、「陽性率の低さは安全性が確保された一つのエビデンス」と述べた。武藤敏郎事務総長も「コロナ対策は十分に機能した」、クリストフ・デュビＩＯＣオリンピック統括部長は「我々は安全な大会を開催する約束を守った」と、共に自画自賛した。

だが、これらの数字はＩＯＣや組織委が自らに都合よく切り取っただけのものだ。選手十九人が出場できなかったという事実は、東京オリンピックが、「最高のスポーツ大会」、選手の交流を通じた「平和の祭典」という理念を実現できなかったことを意味する。

出場できなかった十九人のうち四人はチェコのビーチバレー女子代表と自転車ロードレース男子代表で、チャーター機に同乗した反ワクチン派のチームドクターから感染したと伝えられた。米ＣＮＮによると、ビーチバレー女子一次リーグＦ組初戦で日本チームに不戦敗となったマルケタ・スルコバ選手は、「頂点を目指すために向かった東京への旅路をこのように終わらせなければならなかったのは、とても悲しい」と涙を流したが、ＩＯＣと組織委にとっては陽性者の十九分の一の数字に過ぎないようだ。

また、中村組織委運営統括が「安全性が確保されたエビデンス」と胸を張るのは早すぎる。検査時に陰性だったとしても、感染していないことを保証するものではない。検査では陰性だったが実は感染していた選手が、帰国までに周囲にうつしていたというリスクは残ったままだ。

現にＩＯＣと組織委が「安全・安心」の支えとした選手の行動規範「プレイブック」の違反者は三十二人おり、試合を終えて東京タワーを観光したジョージアの柔道選手ら八人は、資格認定証を剝奪された。このほか、認定証の一時効力停止が八人、厳重注意が十六人いるが、銀座や秋葉原では多数のオリンピック関係者の姿が目撃されており、処分者は氷山の一角に過ぎない。組織委は八月十七日、新規感染者が九人確認され、累計で五百八十三人だったと発表した。

これだけの感染者を出しながら、武藤事務総長は八月十六日、記者会見で、パラリンピック選手の何割がワクチンを接種しているか質問され、「詳細を把握しておりません」と述べている。

また、橋本会長はパラリンピックを無観客開催とする一方で、学童観戦は予定通り実施すると発表した。「万全の感染対策を講じた上で、ぜひ子供たちには見てもらいたい」と意気込むが、そもそも「万全の感染対策」が存在するなら、新型コロナは収束している。デルタ株は児童らにも感染が広がっている。政府と組織委が唱える「安全・安心」という空念仏は、子供をも巻き込もうとしている。

ボランティアへの感染も今後、問題となるだろう。

「海外からの関係者を誘導される方、通訳の方などを想定している」

丸川珠代五輪担当相は二〇二一年五月二十五日の閣議後会見で、募集したボランティアの一部も新型コロナウイルスのワクチン接種対象とする考えを示した。この段階では日本代表選手を含む二万人を想定していたが、その後、組織委は「東京都からワクチン提供を受けた」として、接種対象を七万人に拡大した。オリンピック参加選手のワクチン接種に続く、「安全・安心」の対策という。

政府の「安心・安全」が実態のない空念仏であることはすでに述べてきたが、ワクチン接種に関する方針の変更はひどすぎる。ワクチン入手のめどが立っていなかった時は、「ワクチンを前提としない大会」（武藤組織委事務総長）と主張していたのが、手に入ると見るや、なし崩し的に「ワクチンがあるから安全・安心」にすり替えた。しかし、オリンピック開幕時点で、ワクチンを二回接種できたボランティアはほとんどいない。ファイザー社製のワクチンを二回打つ場合、最短でも最初の接種から五週間経たないと、体内に抗体ができない。「安心」はあっても、「安全」ではなかった。

そもそもオリンピック関係者へのワクチン優先接種は問題が大きかった。菅首相が大見えを切った「七月末までの高齢者接種完了」も見通しが立たず、各自治体や職域接種も、ワクチン不足によって停滞していた。そんな時に、選手に加えてボランティアまで優先接種の列に割り込ませるのは、「命の選別」そのものだ。厚生労働省によると、今年一月から六月の半年で、新型コロナに感染し自宅で亡くなった人は八十四人であるという。世界有数の病床数があり、国民皆保険の国でもありながら、治療を受けることなく亡くなった人がこれだけいることは医療崩壊としか言えない。

そもそもワクチンは予防を当てにするのではなく、重症化を防ぐためのものだ。仮に開幕までに抗体ができる余裕を持って打っていたとしても、当人が感染しないわけではなく、接触する選手、関係者に感染させないわけでもない。米疾病対策センター（ＣＤＣ）は五月二十四日、米国民向けの日本渡航中止勧告にからみ、ワクチン接種完了者も感染リスクがあると指摘した。

また、ワクチンは社会防衛の観点で意義が大きいものの、個人レベルでは健康、生命を損なうリスクを伴う。オリンピック選手は超人的な体力ゆえに免疫暴走を起こすリスクを抱えており、ワクチン接種は本来、選手の自己決定権に委ねられるべきものだった。

「ウイルスに打ち勝った大会」という幻想

「百年前のアントワープ大会が、第一次世界大戦やスペイン風邪を乗り越えた後の大会として、人々の記憶に残っている。東京二〇二〇大会もウイルスに打ち勝った大会として開催したい」

東京都の小池知事は二〇二〇年十一月十六日、IOCのバッハ会長との面会で、一九二〇年のアントワープ・オリンピックを引き合いに開催の意義を説いた。菅首相が唱えた「人類が新型コロナウイルスに打ち勝った証しとしてのオリンピック開催」も同じ文脈の発言だ。

だが、アントワープ・オリンピックは人類がウイルスに打ち勝った証しではない。むしろ、スペイン風邪の流行を無視して、第一次世界大戦の戦勝祝賀記念として無理やり開催した大会と考えたほうが近い。そういう意味で、今回の東京オリンピックの先蹤《せんしょう》なのかもしれない。

アントワープでのオリンピック開催は、一九一九年四月、スイスでのIOC総会で決定した。前年、第一次大戦が終わったばかりで、IOCに準備期間の余裕はなかった。そこでIOCの創設者で当時会長を務めていたピエール・ド・クーベルタン男爵は、「大戦で被害を受けたベルギー人への報償」としてのアントワープ大会開催を主導した。ちなみに一九一六年に開催を予定されていたのはドイツのベルリンだった。このオリンピックは第一次世界大戦のため、史上初めて中止に追い込まれた大会である。

アントワープ・オリンピックには、ドイツ、オーストリア、ハンガリー、ブルガリア、トルコという第一次世界大戦の同盟国側は参加していない。ＩＯＣは参加を主張したが、開催国ベルギーが反対したという。中立国であるにもかかわらず、真っ先にドイツに侵攻されたことを考えると、無理からぬ反応でもあるが、そこにはＩＯＣが掲げる「平和の祭典」としてのオリンピックはなかった。むしろ復讐の場と化したのである。

クーベルタン自身も、壮年ながら軍に志願して第一次世界大戦に参加している。そもそもクーベルタンが近代オリンピック開催に動いたきっかけは、普仏戦争における祖国フランスの大敗だった。ドイツへの復讐心を抑えきれず、ベルギーの意向に沿ったのであれば、最初からオリンピックの理念は国際政治に翻弄される存在に過ぎないことを証明している。クーベルタンと交流のあった嘉納治五郎はドイツの参加を認めなかったことを嘆いたとされる。

アントワープ・オリンピックはこうした暗部を巧みに隠すことで、現在につながるオリンピックのロールモデルに祭り上げられた。クーベルタンがデザインした五輪旗が初めて掲げられ、選手宣誓や鳩を飛ばすセレモニーが初めて披露された。そこに焦点を合わせることで、「平和の祭典」としてのオリンピックを強く印象づけた。また、アントワープも大会のためにオリンピック競技場を建設し、戦災復興のシンボルとした。このあたりの手法も、現代につながっている。

では、スペイン風邪のほうはどうか。ＩＯＣが総会でアントワープ開催を決めたころ、ベルギーは第三波に襲われており、今の日本と同様に収束のめどはまったく立っていなかった。そもそも、当時はスペイン風邪の原因は細菌だと考えられていた。細菌よりもはるかに小さいウイルスの存在はまだ認識されていなかったのである。ウイルスの確認は電子顕微鏡の完成を待つほかなかった。ゆえに、スペイン風邪を有効に抑え込む手段、つまり打ち勝つ手段などなかったのである。当時の限られた疫学的知識を咎めることはできない。開催時期に流行が下火になったのは偶然に過ぎず、犠牲者が出なかったのは僥倖《ぎょうこう》に過ぎない。しかし、IOCはそれを「成功体験」として、百年間、錯覚を続けたのではないか。

錯覚が続いた要因はいくつかある。

IOCは二〇一〇年二月、新型インフルエンザの世界的流行の最中、カナダでバンクーバー・オリンピックを開催している。このときも、WHOはパンデミック宣言を出していた。

新型インフルエンザは前年の二〇〇九年四月、原因不明の呼吸器疾患が相次いだメキシコで確認され、世界各国に感染拡大した。WHOはバンクーバー・オリンピックの八カ月前にあたる同年六月、パンデミック宣言を行った。新型コロナでもたついた姿勢とは異なり、このときは果敢に対応したのだ。

だが、皮肉なことにWHOのパンデミック宣言直後から、死者や重症者が比較的少ないとの報告が各国の防疫機関から相次いだ。人類にとっては朗報だったが、WHOは権威を失墜させた。ワクチンを開発する製薬会社を利する疑惑の行為との報道すらあった。

新型インフルエンザは通常の季節性インフルエンザ同様の扱いに変更され、IOCは大会参加選手にワクチン接種を義務付けなかった。感染者も競技から排除しないと決めるなど、感染対策は形ばかりのものになった。当時も今もカナダのＩＯＣ委員を務めるのがディック・パウンド氏だ。二〇二〇二月に東京オリンピックの中止をほのめかし、延期の流れを作った人物だ。二〇二一年一月には、「私は（開催の）確信が持てない。誰も語りたがらないがウイルスの急増は進行中だ」と悲観論を展開したが、同年五月には一転して、「アルマゲドンにでも見舞われない限り、東京五輪は計画通りに開催される」と発言し、日本でも有名になった。

ＷＨＯは二〇一〇年八月にパンデミックの終息を宣言したが、その半年前にバンクーバー・オリンピックは閉会していた。

この体験も、新型コロナウイルスを甘く見る素地になっているのかもしれない。

二〇一六年のリオデジャネイロ・オリンピックでは、蚊が媒介するウイルスが原因の感染症「ジカ熱」が問題視された。ＩＯＣはここでも感染症を科学的にではなく、政治的に撲滅した。予防薬はなく、妊婦が感染すると、小頭児が生まれる病気の流行は収まっていなかったが、ＩＯＣは開催を強行した。疫病を恐れる一部の選手は、参加を辞退するしかなかった。

このように、ＩＯＣの感染症対策とは、リスクと真正面から向き合わないことに特徴がある。常に事態を傍観し、楽観的な展開を待ち、最後は止める者がいなければ、予定通りに開催する。その点で、菅政権と似たところが多い。

バッハ会長は二〇二〇年五月二十日、ＢＢＣのインタビューで、東京オリンピックの再延期を否定しつつ、ワクチン開発を開催条件とすることには言及を避けていた。ところが、二〇二〇年末に米欧中でワクチン開発のめどが立ったとの報道が流れると、中国からのワクチン提供申し出を受け、選手に打つと言い出したのである。日本政府を通じて、世界各国の選手に打つ米ファイザー社のワクチンを確保したとして、急に安全な大会をアピールし出した。まったく場当たり的な態度だった。

だが、新型コロナワクチンは感染を完全に防ぐものではない。感染症は選手生命を奪う恐るべき病気でもあるのだ。これまでオリンピックは僥倖に恵まれたかもしれないが、他の競技大会では深刻な例がいくつもある。

インドで二〇一〇年十月に開かれた英連邦競技大会（コモンウエルス・ゲームズ）は、デング熱の流行に見舞われた。蚊が媒介するデングウイルスにより高熱を出し、死に至ることもある病で治療薬はない。WHOは警告したが、主催者はこれを無視。その結果、カナダの女子水泳平泳ぎ選手、アンナメイ・ピアースは大会で感染した。二〇〇九年に二百メートル平泳ぎで世界記録を更新したピアース選手は、この感染の予後がすぐれず引退している。

場当たり的な対応を繰り返したのは日本政府もIOCも同じだったが、IOCは、日本政府ほどナイーブな組織ではない。東京オリンピックまで二カ月を切った二〇二一年五月二十七日、世界各国・地域の選手らを対象にした「国際アスリートフォーラム」をオンラインで開催した。これに先立ち、IOCは五輪出場選手に対し、新型コロナウイルスに感染しても主催者側の責任を問わないとする誓約書に署名を求める方針を示していた。同フォーラムで参加者が説明を求めると、IOCのハダッド最高執行責任者（COO）は、「感染に対して（安全を）保証できる政府や保健当局はどこにもない。私たち全員が負うリスクだ」と説明した。過去の五輪でも実施してきたと説明した。バッハ会長も現役時代、同趣旨の誓約書に署名したという。

だが、選手が置かれている状況は過去の例とはまったく異なる。このフォーラムが開かれた時点で、世界のコロナ感染死者は三百万人を超えていた。選手の八割はワクチン接種を終えているとＩＯＣは主張するが、すでに述べたように、ワクチン接種は感染を完全に予防するものではない。選手に文字通り生命を懸けさせて、リスクを負わせるが、感染症対策を日本政府や組織委に基本丸投げで、「私たち全員が負うリスク」とは面の皮が厚い。

西村秀一 国立病院機構仙台医療センターウイルスセンター長インタビュー

オリンピックはウイルスの〝種まき〟秋の大流行が心配だ

——東京オリンピックの新型コロナウイルス対策は、まさに〝ザル〟としか言いようのない、杜撰《ずさん》なものですが、問題はそれだけでなく、ウイルスが接触感染や飛沫感染しかしないことを前提に立てられたところにあると思います。開催前、ＷＨＯやＣＤＣは、これが空気感染することを認めていました。ならばオリンピック後、さらなる大流行が起きる可能性があると思いますが、そもそも空気感染とはどういうことですか。

西村　人類が疫病流行の原因をどのように考えていたのかを遡ると、ミアズマ（瘴気）説にたどり着きます。簡単に言えば、「悪い空気が漂っていて、それを吸って病気になる」という話です。また、インフルエンザのように、天体の動きが原因で感染すると思われたものもありました。占星術師が、これが周期的に流行するのは天体の影響（influence）だろうと考えた。中世まではそういう時代でした。その次が、より科学的な細菌感染説の時代。この時、ミアズマ説は排除されたのです。空気感染などあり得ないと。ところが、その後、クリミア戦争で看護に従事した女性、ナイチンゲールが、治療には空気の換気が大事で、きちんと換気すると病気がどんどん少なくなることを証明した。すると、空気感染説が勢いを取り戻す。そういう戦いが二十世紀初頭になっても延々と続いてきました。

そこではだいたい接触感染論者か飛沫論者が勝って、ミアズマ説につながる空気感染をすごく嫌った。また、行政を預かるほうとしては、歴史的に空気感染ということを認めたがらない。認めたときのインパクトが大きすぎるからです。

ただ、歴史的に空気感染の事例はあって、例えば旧ソ連の軍事施設からの炭疽《たんそ》菌の漏出事故がそうです。風下にいた非常に多くの人たちが感染してしまった。そういう状態が起きると思われたら、感染症のコントロールというか民心のコントロールが難しくなるだろうと、行政を預かる側が心配するのはわかります。

しかし、実際にはこのコロナに関してはそんなレベルの話ではないし、科学としては、事実を認めることが一番大事なのです。そもそも空気感染を認めない「感染症の専門家」たちは、行政のように民心のコントロールとか、そういう感覚で空気感染説に反対しているのではない。彼らの頭の中には、空気感染を起こすのは麻疹《ましん》、水痘、結核、この三つだけ、という古臭い教えがあるだけで、空気感染の定義すらない。

ＣＤＣやＷＨＯも、最初は空気感染を否定していました。しかし、彼らの態度が変わったのは、我々の仲間が内々に各組織の相手を説得した結果です。きちんと話せばわかる。勉強を怠っている人は、二十世紀初頭にミアズマ説を排除した権威が書いた教科書を丸暗記するだけで終わっている。教科書を覚えることなら医療関係者は得意です。ただ彼らも、きちんと説明すればわかる。ＣＤＣやＷＨＯに人格があるわけではありません。その中でいろんな人間がディスカッションして、方針が決まる。ですから、そういう人たちをうまく説得できれば、どんどん変わっていきます。

――一時、日本の報道機関は「マイクロ飛沫」感染という聞きなれない言葉を使っていました。最近は耳にしませんが、これは何なのですか。

西村　「マイクロ飛沫」には何の定義もなく、その場で作った言葉でしょう。空気感染と言ったら影響が大きいので、こんな言葉を使っているのだと思います。

日本が残念なのは、新型コロナ対策でも、感染症や公衆衛生に関連するような名前を冠した学会の立派な肩書の人たちが中心になっていることです。彼らは耐性菌などの接触感染の仕事の系譜にいる。専門家として国の感染症対策のあらゆるところを仕切っていて、空気感染を考えられる人が入っていなかったのが一番の問題です。

これは今に始まったことではなく、新型インフルエンザの時も、同じような顔ぶれが重要なのは手洗いだと繰り返しました。特にＮＨＫが選ぶ感染症の専門家はその関係の人が多い。そのため、一般市民や行政関係者、政治家、そして末端で現場を指導する立場の人たちまでもが、それを正しいと信じて疑わない。お偉い専門家の方々がそう言うんだから、と。しかし、真実を知っている呼吸器ウイルス系の人たちは怒っていました。手からなんて感染しないのに、と。

誤解してほしくないのは、私は、手洗いは不要と言っているわけではないのです。手洗いで防げる感染症はたくさんある。だけど、それだけに固執していたら一番大事なところが抜けてしまう。手を洗うといいですよ、というのは視覚的にもすごくわかりやすい。子どもたちに石鹸で手を洗わせ、その映像を使えば、すごくわかりやすい。そういうものが当たり前のものとして認知された後、空気感染だと説明するのは大変です。相当、準備が必要です。パニックを起こさないような説明の仕方、うまいプレゼンの仕方を考えなくてはなりません。

——NHKの「クローズアップ現代＋」（二〇二一年六月二十三日放送「最新研究で迫る変異ウイルス感染防止策」）では、「エアロゾル感染」という言い方で説明されていましたね。

西村　あれがひとつの小さなきっかけになればと思っています。NHKの担当記者にきちんと説明したところ、彼らは納得しました。彼らも、今までの自分たちのやり方はやはりまずかったと反省していて、エアロゾル感染という言葉をきちんと放送した。

——エアロゾル感染というのは、つまりは空気感染ですね。

西村　そうです。エアロゾルというのは空中を浮遊する粒子のことで、それを吸って感染するのですが、それを運んでいるものは水ではなく空気ということです。

——「バブル方式」は穴だらけではないですか？

西村　それは多くの心ある人たちが思っていると思いますが、表には出てきませんね。「バブル方式」というのは誰が考え出したのでしょうか。たぶん物事を動かすために考え出された方法でしょうが、誰がお墨付きを与えたのでしょうか。本当にそれが正しいやり方なのかの議論は、少なくとも日本ではどこにもなかったと思います。

――専門家や政府は、新型コロナは大した病気じゃないと考えているのでしょうか。

西村　そこまでではないでしょう。むしろ逆で、ものすごく脅威に思っているから今みたいなトンチンカンなことが起きているのでしょう。ただ、ワクチンがあれば、なんとかなると思っている。その点は私も同じです。大半の国民がワクチンを打っているのだったら、そんなに怖くないと思います。ただ、ワクチンが行き渡らない状態では、ダメだろうと見ている。この病気が怖いのは、重症化する人が増えると、それが医療崩壊につながりかねないことです。しかし、感染しても重症化しないのなら、それは〝かぜ〟みたいなものです。そこまでいけば、脅威ではなくなってくる。

例えば今の子どもたちに関して言えば、感染しても鼻かぜ程度で済んでいる。国民全体がそういう状態になってくれれば、そんなに怖くはない。高齢者は危ないというのはあるかもしれないが、それはインフルエンザも一緒です。ある程度ワクチンを打って重症化が防げるなら、感染者は増えてもいいという感覚になったのがイギリスやアメリカでしょう。

問題は後遺症。鼻かぜ程度で済んだ人たちの後遺症がどれくらいあるかは、これからわかってくることだと思います。ただ、後遺症が残らず、感染しても重症化しないとなれば、この感染症はそれほど怖い病気ではなくなる。

そういう状態を作った後であれば、オリンピックをやってもよかったと思いますが、いかんせん間に合いませんでした。それなのに開催した以上、今後は冬にかけて、どんどんどんどんワクチンの接種率を上げていくのが重要になります。

オリンピック開催で怖いのは、いま流行の「種」がどんどんどんまかれている状態になっていることです。それが秋冬に大流行になったときが怖い。それを食い止めるためにはもうワクチンの普及率との競争になります。この競争に負けたら、われわれはひどい目にあいます。

それと、空気感染を認めないと、本当は防げるものも防げなくなります。

――新型コロナの場合、ウイルスの曝露《ばくろ》量がどれぐらいで発症するなどのデータはまだ集まってないのですか。

西村　まだわからないですね。イギリスで人体実験をやるという報道があったはずですが、結果を聞いていません。過去のインフルエンザのボランティアを使った感染実験では、免疫のない人にウイルスを吸わせると、数個レベルで感染した。免疫がある人だと、発症するのに百個ぐらいのウイルスの量が必要だった。実はそのときウイルスを鼻に垂らした実験があって、それだと一万個以上ないと感染しませんでした。

このアナロジーでいけば、コロナもワクチン未接種や免疫がない人が吸った場合、少ないウイルス量で感染する。しかし、ワクチンを接種していれば、相当量曝露しないと発症しない。

ですから、空気感染といっても、そんなに簡単にバーッと広がるわけではありません。数個で感染するといっても、普通ウイルスは漂っているとしてもほんのわずかです。そういったところにずっといれば確かに危ない。一方、たまたま通過した程度なら吸って感染する確率はほとんどない。そういう話も一緒にしていかなくてはなりませんね。

第3章

傲慢IOCはそんなに偉いのか

感染対策は日本に丸投げのくせに、
「大会は安全で安心だ」と繰り返したバッハ会長。
莫大な放送権料に目がくらんだオリンピック貴族の迷言に、
日本国民の怒りが爆発した。
まるで支配者のように振舞うIOC。
お前はそんなに偉いのか!

もともと慎ましい組織だったIOC

新型コロナウイルス下での東京オリンピック開催は、オリンピックが「平和の祭典」ではなく、「世界最大のスポーツ興行主」であるIOCのビジネスに過ぎないとの思いを多くの日本人に抱かせた。

だが、もともとIOCがビジネス至上主義の組織だったわけではない。クーベルタン男爵が始めたIOCは、貴族を中心として無報酬で運営されたため、ビジネスにはむしろ無頓着であった。

IOCは一八九四年、パリで創設されている。以後、クーベルタンは、古代オリンピックを復興し、「スポーツの力を取り込んだ教育改革を地球上で展開し、これによって世界平和に貢献する」という理念を生涯追い求めた。オリンピック博物館が紹介するIOC創設の経緯を書いた文章には、「クーベルタンがオリンピック復興という〝夢想（原文 pipe dream）〟を現実化した」とある。

pipe dream（パイプ・ドリーム）とは、アヘンを吸った時に見る幻影のことを指す。それほど荒唐無稽な夢物語とされていたものを実現したのだ。

クーベルタンは一八九六年四月六日から十五日まで、古代オリンピック発祥の地ギリシャのアテネで第一回オリンピックを開催する。参加国は欧米十四カ国。陸上、水泳、体操、レスリング、フェンシング、射撃、自転車、テニスの八競技四十三種目に男子選手二百八十人が出場した。今回の東京オリンピックの三十三競技三百三十九種目、男女計一万一千人とは比べ物にならない小規模なものだが、貴族仲間の手弁当で出発した催しとしては大成功だった。

ＩＯＣは一九一五年、本部をパリからスイスのローザンヌに移した。前年に勃発した第一次世界大戦を受け、戦火に包まれたフランスを逃れ、中立国スイスへ拠点を替えたのである。「平和の祭典」の主催者は、世界政治の現実の前に無力だった。クーベルタンは同年十一月、ＩＯＣ会長を辞任し、フランス軍に志願した。一九一六年に開催予定だったベルリン・オリンピックは中止になった。

ローザンヌを選んだ理由は定かでない。ただ、ＩＯＣは移転の二年前の一九一三年、ローザンヌ大学で全体総会を開いている。地元政府はクーベルタンらＩＯＣ関係者を歓迎し、スポーツを学問的に捉える機運が高まっていた。そのことが、クーベルタンの判断に影響を与えた可能性はある。

ＩＯＣはＮＰＯ（非営利団体）かつＮＧＯ（非政府組織）という独特の体制を現在取っている。これも、ＮＰＯの法人格を尊重する法体系を持つスイス民法が、一九一二年に施行されたばかりであったことが関係しているだろう。法施行の直後に本部を移転したことは、ＩＯＣの体制に影響を与えたのである。

ともあれ、慎ましやかな傾向はその後も続き、第七代会長にアントニオ・サマランチ氏が就任したとき、「ＩＯＣの流動資産は二十万ドルにも満たず、総資産も二百万ドルに過ぎなかった」（マイケル・ペイン『オリンピックはなぜ、世界最大のイベントに成長したのか』）という。

第五代会長のエイベリー・ブランデージ氏は貴族ではなかったが、「ミスターアマチュア」の異名で呼ばれるほど、非商業主義者だった。

ブランデージ会長は、一九七二年の札幌オリンピックで、オーストリアのアルペンスキー選手、カール・シュランツ選手の参加資格を剥奪した。開幕三日前の処分は、シュランツ選手がオリンピック憲章のアマチュア規定に反し、「名前と写真を広告に使わせた」ことを咎めたものだった。当時のスキー界はワールドカップが中心で、スター選手はスキー道具メーカーをスポンサーにつけていた。オーストリア選手団はボイコット寸前まで行ったものの、シュランツ選手が自分一人の問題として参加せず、事態は収まった。

ちなみに、ブランデージ会長はIOCの歴史で唯一のアメリカ人会長で、戦前の一九二七年、アメリカ・オリンピック協会会長に就任。ナチスドイツが開催した一九三六年ベルリン大会への参加を支持した。当時、ナチスのユダヤ人迫害は世界に伝わっており、ボイコットの声は米内外に出ていたが、ブランデージ会長はボイコット反対を主張し、後に批判されている。

ブランデージ会長の次がアイルランド貴族のマイケル・キラニン男爵だが、IOCはここで初めて、商業主義の種をまく。

一九七四年十月二十三日、オーストリアのウィーンで開かれたIOC総会は、一九八〇年の夏のオリンピック開催地に社会主義国として初めてソビエト社会主義共和国連邦（現ロシア）のモスクワを選ぶとともに、オリンピック憲章からアマチュア条項の文言を削り、プロ選手の参加に道を開くという重大な決定をした。これがオリンピックの商業化の嚆矢《こうし》である。しかし、IOCがその果実を手にするには、十年以上の歳月が必要だった。

当時、IOCを取り巻く環境は多難を極めた。一九七二年のミュンヘン・オリンピックでは、パレスチナ・ゲリラによるイスラエル選手団殺害事件が起き、国際政治が最悪の形でオリンピックに持ち込まれた例になると同時に、開催都市にとって、競技施設や社会インフラ整備だけでなく、安全対策も重大な責務となったことが明らかになった。

さらに、一九七六年の夏のオリンピックを招致済みだったカナダのモントリオールが、これもアラブとイスラエルの戦争に伴うオイルショックで、経費の急増に喘いでいる最中でもあった。

こうした状況のせいで、一九八〇年大会に名乗りを上げる都市は少なく、最終的にモスクワと米国のロサンゼルスが立候補しただけであった。

ウィーンでＩＯＣ総会が開かれた一九七四年は、米国のニクソン大統領とソ連のブレジネフ書記長が共同声明を発表した年でもあった。この時、ニクソン大統領はブレジネフ書記長の歓心を買うため、一九八〇年大会のモスクワ開催を支持し、水面下でロサンゼルスに一九八四年大会を目指すよう譲歩を迫ったとされる。直後にニクソン大統領はウォーターゲート事件で辞任したが、働きかけは生きていたのか、ＩＯＣ総会でモスクワはロサンゼルスを破り、開催都市を勝ち取った。ニクソン大統領の働きかけを知る由もない米国内ではボイコットの声がすでに上がっていた。

ボイコットに翻弄された歴史

それまでも、ＩＯＣは参加国のボイコットに悩まされてきた。

一九六四年の東京オリンピックでは、北朝鮮が大会直前に選手団を総引き揚げし、ボイコットの走りとなった。原因は当時の国際政治で台頭した「第三世界」の政治闘争だった。一九六二年のジャカルタ・アジア大会で、インドネシアは中国に配慮し、台湾などを招待しなかった。ＩＯＣは加盟する台湾を招かなかったインドネシアに対し、ＩＯＣ加盟資格停止で対抗した。「二つの中国」問題で、ＩＯＣは政治的行動に出たのである。政治的中立を謳うオリンピック憲章は建て前に過ぎない。インドネシアは一九六三年、ＩＯＣや国際競技連盟とは別に新興国大会を開催したが、これに参加した北朝鮮に対し、国際競技連盟が選手の資格を停止した。この問題が未解決のまま一九六四年の東京オリンピックに参加しようとした北朝鮮をＩＯＣが認めず、選手総引き揚げにつながったのである。

中国は一九四九年の建国後、台湾と交互にオリンピックをボイコットした。一九五二年のヘルシンキ・オリンピックでは、ＩＯＣが中国と台湾双方の参加を認めたが、反発した台湾がボイコットした。中国はこの年、初めてオリンピックに参加したが、一九五六年のメルボルン・オリンピックに台湾が参加すると、これをボイコットした。以後、中国は一九八四年のロサンゼルス・オリンピックまでボイコットを続けた。ＩＯＣは「二つの中国」問題に手を焼いた。だが、これはあくまで特殊な事例であると位置付けていた。

ところが、オリンピックのボイコットはさらに拡大した。一九七六年のモントリオール・オリンピックでは、アパルトヘイト（人種隔離政策）を取っていた南アフリカにラグビーチームを派遣したニュージーランドに対し、ＩＯＣがオリンピック参加を認めたため、タンザニアなどアフリカ二十二カ国がボイコットした。

このようにオリンピックのボイコットはすでに国際政治の手段と化していた。そこに、ソ連が一九七九年、アフガニスタンに侵攻した。アフガニスタンでは一九七八年に誕生した社会主義政権を親ソ勢力がクーデターで倒したが、それをソ連が後押ししたことに西側諸国は脅威を感じた。

一方、米国のジミー・カーター大統領は、イラン大使館人質事件を抱えていた。カーター大統領が一九八〇年一月二日に記した日記には、「オリンピックの問題は私に最も問題を引き起こし、ソビエトに最も深刻な打撃を与えるだろう」、「我々は『モスクワでのオリンピック開催に疑問である』との声明を発表するつもりだ。しかし、参加か不参加かの決定は行わない。この問題は難しい」と、揺れる心情が綴られている。

ソ連はこのころ、オリンピック開催を大々的に宣伝していた。海外観光客を招くため、ホテルを新設。国内ではオリンピックのための清浄化運動として、酔っ払いから反体制派までさまざまな人を拘束した。拘束はともかく、観光客誘致やホテル建設、清浄化運動は、今回の東京オリンピックでも変わらない。

問題はモスクワ・オリンピックの成功が、ソ連のアフガン侵攻を正当化し、国威発揚につながることだった。政治的に余裕のないカーター大統領にとっては、モスクワ・オリンピック開催そのものが政治問題の中核に据えられた。

カーター大統領はその後、ソ連がアフガニスタンから撤退しなければ、モスクワ・オリンピックをボイコットすると、ブレジネフ書記長に通告。ブレジネフ書記長はこれに応じず、米国はオリンピックをボイコット。日本、西独、ノルウェーなど西側諸国が追随した。

といっても英、仏、イタリア、オーストリア、オランダ、ベルギー、ポルトガル、スペインなど西欧諸国の多くはモスクワ・オリンピックに参加した。英国はサッチャー政権がボイコットを主張したが、英オリンピック委員会は選手を派遣した。陸上中距離選手のセバスチャン・コーはモスクワ・オリンピックで金メダルを取り、英雄となった。現在は世界陸連の会長を務める。西独のフェンシング選手として、一九七六年に続く二大会連続出場を目指していたトーマス・バッハ現IOC会長は、西独政府のボイコットに抵抗したが、出場を果たせなかった。

日本では大平正芳首相が米国に追随方針を固め、日本オリンピック委員会（JOC）は一九八〇年五月二十四日、不参加を決めた。柔道無差別級で金メダルを有力視されていた山下泰裕選手が涙を流しながら参加を求めた姿に、国内世論は割れた。日本のスポーツ界はこの時、政治への敗北を自覚し、JOCは政治からの独立を志向した。現在、山下はJOC会長を務める。

だが、最も敗北感にさいなまれたのはIOCだった。「平和の祭典」を掲げながら、第一次世界大戦、第二次世界大戦という「ホットウォー」で大会中止に追い込まれ、そして今度は東西冷戦という「コールドウォー」が引き起こした国際政治の荒波に呑み込まれた。自由主義と共産主義の対立は一九九一年のソ連崩壊まで、世界を二分する戦いだった。

それまで数々のボイコットに見舞われていたIOCではあったが、一部の国の問題と言い逃れる余地はあった。だが、東西冷戦でそれぞれの陣営をリードする超大国が、オリンピック開催そのものを戦場とした時、IOCならずとも対抗できる組織はなかった。いくら頑張ろうとも、IOCは所詮、NPO兼NGOである。国家に太刀打ちはできない。それが超大国ならなおさらだ。二〇二一年の東京オリンピック開催を巡り、IOCが支配者のように振る舞ったのは、日本という国家の力を低く見たに過ぎない。

モスクワで受けた大打撃

モスクワ・オリンピックのボイコットの結果、西側テレビ局は大打撃を受けた。自国の選手が出ないオリンピックを放送しても、見る人は少なかったからだ。

ＮＢＣはモスクワ・オリンピックの放送権料を八千五百万ドル（約百八十六億円。当時のレートで計算。以下同）で獲得していた。ＮＢＣは夏季大会の放送権を一九六四年の東京オリンピック以来、ライバルのＡＢＣに奪われ続けていた。そこで、前回の一九七六年モントリオール・オリンピックでＡＢＣが払った放送権料の三倍以上支払うことで奪い返したのだ。

ところが、米国のボイコットで、オリンピック中継はＮＢＣの米櫃《こめびつ》から、穴の開いた財布に姿を変えた。ＮＢＣは英ロイズに保険を掛けており、損害の一部は回収することができたものの、米選手が出場しないテレビ中継に広告料をはずむ奇特な企業は少なく、三千万ドルから四千万ドル（約六十八億円から約九十億円）の損失を被ったと言われる。

日本のテレビ局も大打撃を受けた。

日本側は一九七二年のミュンヘン・オリンピックまで、ＮＨＫが放送権を獲得していた。だが、ＮＢＣとＡＢＣの放送権獲得競争に煽られ、日本の放送権料も高騰すると、ＮＨＫと民放は一九七六年のモントリオール・オリンピックで、「ジャパンプール」方式を始めた。国内放送権は一国一放送局と定められていたのを逆手に取り、オリンピック放送のための〝臨時放送局〟としてＮＨＫと民放で「ジャパンプール」という組織を立ち上げたのである。高騰する放送権料を抑制するための方便であった。この時の放送権料は約六億円（二百十万ドル）とされ、八割以上をＮＨＫが負担した。ところが、とんだところに邪魔が入る。モスクワ・オリンピックの放送権を、テレビ朝日（旧・日本教育テレビ＝ＮＥＴ）が抜け駆けでモスクワ・オリンピック大会組織委員会から独占獲得したのだ。金額は約二十億円（八百五十万ドル）とされ、一九七六年のモントリオール・オリンピックの三倍以上に膨れ上がった。

ＮＨＫと他の民放を出し抜き、放送権料高騰を招いたのは、テレビ朝日の三浦甲子二《きねじ》常務だった。もともと朝日新聞政治部で、自民党の河野一郎幹事長の番記者を務め、一郎の息子で衆院議長を務めた洋平より先に、死去の情報を摑んだと伝わる。その後、朝日新聞の創業家の私事を解決して知遇を得、テレビ局に転身したとされる。三浦常務は当時、教育番組が中心だった同局が総合番組局へと移行し、社名を変更するのに合わせて、放送権獲得に動いたのだ。これは、三浦常務が国会に招致されるほどの大騒動となった。一九七七年四月十九日の参議院逓信委員会で、社会党の案納勝議員が、「今回のＮＥＴの一社独占というものは異常なケースと言っても言い過ぎではないだろう」と問いただし、日本テレビ社長だった小林與三次《よそじ》日本民間放送連盟会長が、「こういう仕事は何も競争でやるべきものではない」と答え、テレビ朝日の三浦常務が放送には、「協調の面と競争の面と二つあり（中略）競争の一つの精神と、それから放送の自由、報道の自由という立場から、私どもが単独で協定を結んできた」と反論するなど、騒動は拡大した。

しかし、日本政府のボイコットにより視聴率が低迷したのはＮＢＣと同じであった。

この騒動の後、「ジャパンプール」は「ジャパンコンソーシアム」へと形態を変え、引き続きＩＯ

Ｃとの放送権料引き上げを巡る駆け引きで急騰を防ぐ役割を果たした。このシステムは、放送権料抑制の効果があった半面、後に禍根も残した。それは、オリンピック放送枠に関する民放テレビ全社分の広告のセールスを、在京民放五社が一括して広告代理店に委託し、必要経費を差し引いた収益を改めて各社に配分するという「一括セール方式」も同時に始まったからである。このシステムは、オリンピック中継において日本のテレビ局を共通の利益を追う運命共同体とした。これが新型コロナ下での東京オリンピック開催の是非を、自らの番組で積極的に問おうとしなかった原因であろう。

だが、最も打撃が大きかったのはＩＯＣだった。原因はボイコットではない。ソ連の体質とでも言うべきか。現在と異なり、当時の放送権料の取り分は大会組織委が三分の二、ＩＯＣが三分の一だった。すると、モスクワ・オリンピックで米ＮＢＣが払った八千五百万ドル（約百八十六億円）のうち、二千八百万ドル強がＩＯＣに入る計算になる。ところが、モスクワ大会組織委が五千万ドルを技術料と称して取りあげ、放送権料は三千五百万ドルとしたため、ＩＯＣの取り分は千二百七十万ドルにしかならなかったのである。

ＩＯＣを手玉に取った男

モスクワ・オリンピック二年前の一九七八年、一九八四年のロサンゼルス・オリンピックの開催がようやく決まっていた。一九七六年のモントリオール・オリンピックで開催都市モントリオールが巨額の赤字を抱えたことを知った世界の都市が名乗りをあげなかったからだ。税金を一切使わず完全民営化で行うとして唯一立候補したロサンゼルスを選ぶほか、IOCに選択肢はなかった。

モスクワ・オリンピックを西側がボイコットした結果、ロサンゼルスで東側がどう出るか。一九八〇年までスペインの駐ソ連大使を務め、モスクワ・オリンピック直後にキラニン会長の後を継いで第七代会長に就任したサマランチ会長ほど、冷戦の対立を肌身に染みて理解していた人はいなかっただろう。その予感は当たることになる。一九八四年のロサンゼルス・オリンピックを東側諸国はボイコットした。

超大国の振る舞いに翻弄されるIOCだが、このオリンピックでは、ある一人の男にも振り回される。オリンピックへの税金投入が市民に忌避される中、立候補したロサンゼルスは、民間だけで資金を賄うことを条件に市民の同意を得ていた。この難局を克服し、大会を成功裏に終わらせ、巨額の黒字を生み出したのが、大会組織委のピーター・ユベロス委員長だった。ユベロス委員長はテレビ放送権料の引き上げ、一業種一社の企業スポンサー制度をはじめ、聖火リレーを走る権利のばら売りまで、オリンピックのありとあらゆるものを金に換えた。ゆえにユベロスは、「商業主義」の始まりと批判されることが多いが、すべては税金に頼らないための「マネタイズ」（収益化）だったことは高く評価すべきだ。

実際、ユベロス委員長は、五十年以上前に建てられた一九三二年のロサンゼルス・オリンピックの施設を改修してメインスタジアムにしたほか、夏季休暇中で学生がいないカリフォルニア大学ロサンゼルス校（UCLA）の学生寮を選手村にするなど、無駄な設備投資を極力排除した。今回の東京オリンピックの組織委員会にはユベロスの爪の垢を煎じて飲ませたいほどだ。結果、大会で得た黒字は二億ドル（約四百億円）にのぼった。組織委はこれを全額、アメリカの青年教育やスポーツ振興に寄付している。

ユベロス委員長はIOCも手玉に取った。モントリオールとモスクワで放送権を争ったNBCとABCの獲得競争を見込み、市場価値を事前に調査し、米国内の放送権料は三億ドルの価値があるとソロバンを弾いた。

そこで競争入札を行ったうえ、放送権料の一括前払いを条件にした。金融機関に預けることで金利収入を得るためだった。狙いは当たり、ABCがオリンピック史上最高額の二億二千五百万ドル（約四百六十億円）で落札し、NBCに競り勝った。さらにユベロス委員長は、七千五百万ドル（約百五十二億二千五百万円）を放送設備費として、ABCから別途受け取った。ユベロス委員長のソロバン通り、三億ドルの値が付いたのである。

IOCは、この総額三億ドルの三分の一、つまり一億ドルは自分たちの懐に入ると思っていた。しかし、ユベロス委員長はIOCに対し、放送権料は二億二千五百万ドルであり、IOCの取り分は約束通り三分の一の七千五百万ドルだけだと告げたのである。IOCは抗議したが、ユベロス委員長と組織委は完全民営化方式で一任された権限を行使し、これを突っぱねた。放送設備費は丸々組織委の取り分となった。

変貌したIOC

ＩＯＣのサマランチ会長はよほど悔しかったのだろう。自分のものと思い込んでいたオリンピックを使って、外部の人間が大金を稼いでみせたのである。ＩＯＣが変質したのは、これ以降であると考えるのが正しい。ユベロス委員長の手法を真似、ＩＯＣは翌一九八五年、「The Olympic Partner（ＴＯＰ）」と呼ばれる一業種一社のスポンサー制度を始めた。一業種一社にすることでステイタスを高め、高額のスポンサー料をせしめようという魂胆である。また、放送権料を巡る交渉はＩＯＣが直接担当するようになり、組織委との取り分の割合も変えていった。

日本ではユベロス委員長や一九八四年のロサンゼルス・オリンピックを「商業主義」と評する報道がまかり通ってきた。だが、それは的外れである。ロサンゼルス・オリンピックは「税金を使わないため」に、さまざまな方式を編み出したのである。その手法があまりに鮮やかだったため、ＩＯＣは換骨奪胎して、自己の収益を上げるために用いたに過ぎない。

強気のＩＯＣはその後、一大会ごとではなく、複数大会を一括契約する方式を編み出した。まず、オーストラリアのテレビ局が、一九九六年のアトランタ・オリンピックと二〇〇〇年のシドニー・オリンピックの二大会の放送権料を七千五百万ドル（約八十億円）で獲得。これを受けて、ＮＢＣは一九九五年に二度に分けて、二〇〇〇年から〇八年の夏冬五大会を総額三十五億五千万ドル（約三千五百五十六億円）で契約した。契約時点で二〇〇八年の開催都市は決まっていなかったのに、大枚をはたいたのである。

表１　TOP（The Olympic Partner）の歴史

期間		企業名
TOP Ⅰ	1985–1988	コカ・コーラ、コダック、ビザ、タイム、松下電器産業、ブラザー工業、フィリップス、スリーエム、フェデラルエクスプレス
TOP Ⅱ	1989–1992	コカ・コーラ、コダック、ビザ、タイム／スポーツ・イラストレイテッド、松下電器産業、ブラザー工業、フィリップス、スリーエム、ユーピーエス、ボシュロム、マース、リコー
TOP Ⅲ	1993–1996	コカ・コーラ、コダック、ビザ、タイム／スポーツ・イラストレイテッド、松下電器産業、ゼロックス、アイビーエム、ジョン・ハンコック、ユーピーエス、ボシュロム
TOP Ⅳ	1997–2000	コカ・コーラ、コダック、ビザ、タイム／スポーツ・イラストレイテッド、ゼロックス、アイビーエム、ジョン・ハンコック、ユーピーエス、サムスン、パナソニック、マクドナルド
TOP Ⅴ	2001–2004	コカ・コーラ、コダック、ビザ、タイム／スポーツ・イラストレイテッド、ゼロックス、シュルンベルジェ／アトス、ジョン・ハンコック、スウォッチ、サムスン、パナソニック、マクドナルド
TOP Ⅵ	2005–2008	コカ・コーラ、コダック、ビザ、アトス、サムスン、パナソニック、マクドナルド、ジーイー、レノボ、マニュライフ、オメガ、ジョンソン・アンド・ジョンソン
TOP Ⅶ	2009–2012	コカ・コーラ、エイサー、アトス、ダウ、ジーイー、マクドナルド、オメガ、パナソニック、サムスン、ビザ、プロクター・アンド・ギャンブル
TOP Ⅷ	2013–2016	コカ・コーラ、アトス、ダウ、ジーイー、マクドナルド、オメガ、パナソニック、プロクター・アンド・ギャンブル、サムスン、ビザ
TOP Ⅸ	2017–2020	コカ・コーラ、アリババ、アトス、ブリヂストン、ダウ、ジーイー、インテル、オメガ、パナソニック、ピーアンドジー、サムスン、トヨタ、ビザ
TOP Ⅹ	2021–2024	エアビー、アリババ、アリアンツ、アトス、ブリヂストン、コカ・コーラ／蒙牛、ダウ、ジーイー、インテル、オメガ、パナソニック、ピーアンドジー、トヨタ、ビザ

この複数大会契約で、NBCがIOCの受け取る放送権料の過半を負担する構造が完成した。その後もNBCは二〇一〇年、一二年の夏冬二大会を計二十二億百万ドル（約千六百四十一億円）、二〇一四年から二〇年の夏冬四大会を計四十三億八千万ドル（約四千六百十四億円）、二〇二一年から三二年の夏冬六大会を七十六億五千万ドル（約七千八百億円）で契約した結果、オリンピックはNBCのコンテンツとなり、米スポーツ閑散期である夏に開く大会となった。

真夏の盛りに北半球でオリンピックを開くのは、選手や観客の身体や健康への配慮がないのは明らかだ。といって、誰が巨額のお金を負担するNBCに逆らえるだろうか。

東京オリンピックでは、トライアスロンや競歩の試合で、選手が嘔吐《おうと》する姿がテレビで流れた。暑さで体調を崩し、テニスや女子サッカーの参加選手は試合時間の変更を求めた。競歩やマラソンが行われた札幌市は、IOCが暑さ対策を理由に、東京から会場を変更した先だ。海外メディアからは東京都が招致活動で「スポーツをするには最適な季節」と謳っていたことから、嘘をついたと咎める報道が相次いだ。東京都は責められても仕方がないが、より責任が重いのはIOCであることは明らかだ。

別の証拠もある。二〇二〇年の夏のオリンピックに立候補していたカタールのドーハは、IOCに暑さ対策のため十月開催を提案した。ところが、IOCの返答は驚くべきものだった。

欧州	中国	総額
		5
60（EBU*1）		120
		90
38（EBU）		160
		260
100（EBU）		980
123（EBU）		850
170（EBU）		1800
		1200
455（EBU）		3500
		2100
595（EBU）		8800
410（EBU）		1億 300
1980（EBU）		2億 8700
570（EBU）		3億 2500
2800（EBU）		4億 300
1800（EBU）		2億 9200
9000（EBU）		6億 3600
2400（EBU）		3億 5300
2億 5000（EBU）		8億 9800
7200（EBU）		5億 1400
3億 5000（EBU）		13億 3200
1億 2000（EBU）		7億 3800
3億 9400（EBU）		14億 9400
1億 3500（EBU）		8億 3100
4億 4300（EBU）		17億 3900
7億 46	1億	12億 8000
		25億 69
*6	1億 6000	12億 8900
		28億 6800
	5億 5000	14億 3600

億 2000 万ドル、2012 年で 11 億 8100 万ドル。
475 億円。2030 年、32 年で 500 億円。
情報公開請求、『民間放送三十年史』『民間放送五
総額と一致しない場合がある。

表2　オリンピックの放送権料の推移

単位・表記のないものは万米ドル（　）内は放送局名

開催年	開催都市（シーズン・開催国）	日本	アメリカ
1960	スコーバレー（冬・アメリカ）		
	ローマ（夏・イタリア）	5（NHK）	50（CBS）
1964	インスブルック（冬・オーストラリア）	42万6000独マルク（NHK）	
	東京（夏・日本）	50（NHK）*2	100（NBC）
1968	グルノーブル（冬・フランス）		
	メキシコシティー（夏・メキシコ）	60（NHK）	850（ABC）
1972	札幌（冬・日本）	53（NHK）	640（NBC）
	ミュンヘン（夏・ドイツ）	105（NHK）	1350（ABC）
1976	インスブルック（冬・オーストラリア）		
	モントリオール（夏・カナダ）	210（JP*3）	2500（ABC）
1980	レークプラシッド（冬・アメリカ）	105（NHK）	1550（ABC）
	モスクワ（夏・ソビエト連邦）	850（テレビ朝日）	8500（NBC）
1984	サラエボ（冬・ユーゴスラビア）	250（NHK）	9150（ABC）
	ロサンゼルス（夏・アメリカ）	1850（JP）	2億2500（ABC）
1988	カルガリー（冬・カナダ）	390（NHK）	3億　900（ABC）
	ソウル（夏・韓国）	5250（JP））	3億　211（NBC）
1992	アルベールビル（冬・フランス）	900（NHK）	2億4300（NBC）
	バルセロナ（夏・スペイン）	6250（JP）	4億　100（NBC）
1994	リレハンメル（冬・ノルウェー）	1270（NHK）	2億9500（NBC）
1996	アトランタ（夏・アメリカ）	9950（JC*4）	4億5600（NBC）
1998	長野（冬・日本）	3750（JC）	3億7500（NBC）
2000	シドニー（夏・オーストラリア）	1億3500（JC）	7億　500（NBC）
2002	ソルトレークシティ（冬・アメリカ）	3700（JC）	5億4500（NBC）
2004	アテネ（夏・ギリシャ）	1億5500（JC）	7億9300（NBC）
2006	トリノ（冬・イタリア）	3850（JC）	6億1300（NBC）
2008	北京（夏・中国）	1億8000（JC）	8億9400（NBC）
2010	バンクーバー（冬・カナダ）	325億円	22億　100*5
2012	ロンドン（夏・イギリス）		
2014	ソチ（冬・ロシア）	360億円	20億
2016	リオデジャネイロ（夏・ブラジル）		
2018	平昌（冬・韓国）	1100億円 *7	23億8000
2021	東京（夏・日本）		
2022	北京・張家口（冬・中国）		76億5000
2024	パリ（夏・フランス）		
2026	ミラノ・コルチナ・ダンペッツオ（冬・イタリア）	975億円 *8	
2028	ロサンゼルス（夏・アメリカ）		
2030	開催都市未定（冬）		
2032	ブリスベン（夏・オーストラリア）		

*1 欧州放送連合　*2 5億6000万円説もある　*3 ジャパン・プール　*4 ジャパン・コンソーシアム　*5 2010年で8
*6 EBU撤退・各国独自契約。 *7 2018年、20年で660億円。2022年、24年で440億円。*8 2026年、28年で
参考文献 『IOC OLYMPIC MARKETING FACT FILE 2000』、各国大会報告書、『ウィナーズ2000』（新潮社）、NHK十年史』、国会議事録、『Encyclopedia of the Modern Olympic Movement, inside the games』。出典が複数のため、

ＩＯＣの「二〇二〇作業部会最終報告書」は、ＩＯＣ子会社でテレビ中継を差配する「オリンピック・ブロードキャスティング・サービス（ＯＢＳ）」と、ＩＯＣテレビジョン・アンド・マーケティング・サービス社（ＩＴＭＳ）の評価として、

「ＩＯＣの推奨期間である七～八月に開催されるオリンピックは、オリンピック放送でプライムタイム（日本のゴールデンタイム）のマーケット・リーダーになるという〝保証〟を放送会社に提供する。十月は、放送局が他の主要なスポーツイベントや秋のシーズンの一般的なエンターテインメント、テレビ番組の優先順位と競争しなければならない場合、世界レベルで視聴率、レーティングレベルが低くなる」

「オリンピック放送が大幅に少なくなると、露出が減り、商機に影響が出る」

「余暇や休日の多い十月のオリンピックは（中略）、放送局が勤労者と若者の視聴者を同じレベルで引き付けるのが難しくなる」

と述べたのだ。

徹頭徹尾、巨額の放送権料を支払ってくれるテレビ局の立場で、十月開催を拒んでいることがわかる。オリンピックを商業主義で染め上げたＩＯＣは、最大の収入源であるテレビ放送権料に振り回されているのだ。

第一回オリンピックが女子禁制の催しとして始まった事実は、近代オリンピックが最初から普遍的な価値観を内包した〝聖なるもの〟ではなかったことを証明している。その後の性差別撤廃や多様性

の容認、競技種目数の増大は、良くも悪くもオリンピックと主催者であるIOCが、世俗の価値観や商業主義に影響を受けて変化することで実現した。

二十世紀の産業資本主義の拡大と交通機関の発達、国際貿易の活発化と軌を一にして、オリンピックの参加国、競技種目数は増大し、IOCの財政や開催都市の予算規模も膨らんでいった。

IOCの二〇二〇年財務報告書では、本来予定されていた二〇一七年から二〇年の財政状況の公表が、東京オリンピックの延期に伴い見送られた。そのため少し古いが二〇一三年から一六年の財政状況を見ると、総収入は約五十七億ドル（約六千二百七十億円）だった。収入の七三％はテレビ放送権料が占め、次いで一八％をオリンピックの最高位のスポンサーである「TOP（The Olympic Partner）プログラム・マーケティング権」と呼ばれるスポンサー料が占める。

一方、IOCは「支出の九〇％をオリンピック・ムーブメントのため寄付した」としている。寄付先は各国際競技連盟（IF）や各国オリンピック委員会（NOC）などだ。IOCの維持費には残り一〇％を費やしている。収入の大半を他者のために使っているとの主張だが、なぜ十分の一がIOCに必要なのかの説明はない。中世のカソリック教会が農民の収穫の十分の一を納めさせた「十分の一税」と同じ割合なのは偶然なのだろうか。

なにしろ今のIOCの財政は潤沢なのだ。本章の冒頭で紹介したように、商業主義に舵を切った第七代のサマランチ会長が就任した一九八〇年当時、IOCの流動資産は二十万ドル（約四千三百六十万円）にも満たず、総資産も二百万ドル（約四億三千六百万円）に過ぎなかったが、二〇二〇年末時点で、総資産は五十七億ドル（約六千二百七十億円）、流動資産四十億ドル（約四千四百億円）、固定資産十八億ドル（千九百八十億円）、現金およびその他の金融資産は五十億ドル（約五千五百億円）にのぼる。総資産が千五百倍に膨らんだ計算で、ＩＯＣは財政報告書で「強固な財政」と自賛している。

コロナ禍で東京オリンピックが延期され、主な収入源であるテレビ放送権料がなかったものの、二〇二〇年の収入は六億ドル（約六百六十億円）を確保した。

それにしても資産が四十年間で千五百倍になるのは、実体経済よりも高収益を誇る金融の世界でもまずお目にかかれない水準だ。東京オリンピック閉会二日前の二〇二一年八月六日、米ダウ工業株三十種平均株価の終値は史上最高の三万五千二百八ドル（約三百八十七万二千八百八十円）をつけた。奇しくも、ＩＯＣが第一回ギリシャ・アテネ大会を開いた一八九六年に開設されたダウ工業株三十種平均株価の初日の終値は約四十一ドルだった。日本の株式市場とは比べ物にならない上昇率を誇るダウでさえ、この百年余りで約八百六十倍増に過ぎない。世界最大の金融市場よりＩＯＣの資産の増加率が勝るのは、サマランチ会長就任後の商業主義路線、特にテレビ放送権料の引き上げが大きい。

オリンピックとテレビ放送の関係は古い。一九三六年ベルリン・オリンピックではメイン会場周辺に限定しながらもテレビ中継が行われた。ただ、ラジオに比べて機器が高価なテレビが世界的に普及するのは第二次大戦終了後のことだった。

一九五二年ヘルシンキ・オリンピックで大会組織委は放送権料の導入を提案したが、テレビ局側がボイコットした。放送権料を払わなければ中継させないというのは、組織委にとっては収入源確保に過ぎないものの、テレビ局にとっては報道・言論の自由の制限につながる問題だ。スポーツビジネスが広く認知されていない時代、テレビ局側の反発も強く、五六年メルボルン・オリンピックでも放送権料は実現しなかった。

しかし、一九六〇年のスコーバレー・オリンピック（冬季）で、テレビ局側が放送権料支払いに同意した。金額は五万ドル（千八百万円）だった。同年のローマ・オリンピック（夏季）は全体で百二十万ドル（四億三千二百万円）で、日本の分はＮＨＫが五万ドルを負担した。日本の大卒公務員初任給が月額一万八百円、新聞代が月三百九十円の時代だ。

以後、世界各国が経済成長し、衛星放送による全世界中継やカラーテレビの普及と比例して、テレビ放送権料も増えていった。

ＩＯＣはＩＦやＮＯＣへの寄付金を通じて、世界のスポーツ界に大きな影響力を持つ。ＩＦやＮＯＣの役員報酬はそれぞれが決めているものの、原資の多くはＩＯＣ頼みだ。新型コロナ下での東京オリンピック開催にスポーツ界自体が疑念を捨てきれないでいた二〇二一年春、世界セーリング連盟がＩＯＣの寄付金を受け取れなければ組織が維持できないと悲鳴を上げた。

このように世界のスポーツ界に何層にもわたって支配力を及ぼしているのがＩＯＣであり、その組織形態は「十分の一税」を取っていた中世カソリック教会に似ている。教皇はバッハ会長であり、ＩＯＣ理事は枢機卿、平のＩＯＣ委員は大司教にあたる。ＩＦやＮＯＣで次の大司教の地位をうかがう人物は司教にあたり、それぞれのスポーツ界でオリンピック・ムーブメントを推進している。言い換えれば、オリンピックのための活動家の集まりがＩＯＣなのだ。新型コロナ下でのオリンピック強行開催を主張したのは、財務面の柱である放送権料確保だけでなく、活動家としての信念でもあったのだろう。ただ、世界で二億人以上が感染し、四百万人以上が亡くなって、なお拡大する感染症の前に、その主張は世界に受け入れられているとは言えない。

〝ぼったくり男爵〟バッハ会長の正体

これまで述べてきたように、サマランチ会長以降、ＩＯＣは自ら巨大な収益を上げる組織へと変貌した。その庇護の下、出世の階段を駆け上がったのがバッハ会長だ。バッハ会長は「サマランチの息子」と呼ばれるほど、オリンピックの商業化、放送権料の引き上げに深くかかわっていく。そして、今回、私たちの前に立ちふさがったのだ。

「当時の政治に対するスポーツの弱さ、そして国のスポーツ組織におけるアスリートの弱さを認識し、私は〝立場を変え〟、スポーツ運営者としての責任を引き受けることにした」

一九八〇年のモスクワ・オリンピックを西側諸国がボイコットしたことは、ＩＯＣだけでなく、若きトーマス・バッハの生き方も変えた。冒頭の言葉は、西独政府がオリンピック参加をボイコットした時の気持ちを、バッハ会長が二〇一三年、第九代ＩＯＣ会長選に立候補した際にまとめたマニフェストの中で自ら表現したものだ。

バッハ会長は一九七九年、西独の運動委員会の代表として他の選手らを糾合し、ボイコット回避を政府に訴えた。だが、当時のシュミット首相はにべもなかった。バッハ会長によると、「軍上層部との会議を始めた首相は、戦車、パイプライン、その他すべての地図を表示し、シナリオを作成して、『第三次世界大戦の危険を冒したいのなら、モスクワに行ったほうがいい』。そして彼らはまた、『(行ったとしても）西側の運動選手はいない、西側の政治家は長い間モスクワの土壌に足を踏み入れることはない』と言った」という。

青年バッハの怒りと絶望の深さは今も変わらない。バッハ会長は別の機会に、シュミット首相ら西ドイツ政治家の判断を「ピュロスの勝利」と評した。古代ギリシャの戦術家ピュロスが古代ローマとの個々の戦いに勝利したものの、戦果を得ることなく結局は撤退したことから、「得られるもののない勝利」、「無駄な戦い」の意味で「ピュロスの勝利」は使われる。

バッハ会長はこの挫折を機に、「立場を替え」た。原文は英語で「change side」と表現している。オリンピックのフェンシング団体金メダリストで、サッカーとテニスが趣味のバッハ会長が、これら競技の「コートチェンジ」になぞらえて、政治指導者に翻弄される立場に過ぎない選手から、政治と渡り合うスポーツ団体の運営者への道を歩む意思を示したのだ。ちなみに、「change side」には他に、所属する組織・党から「鞍替えする」、「寝返る」という意味も含まれている。

「サマランチの息子」バッハ IOC 会長

米「ニューヨークタイムズ」紙で〝ぼったくり男爵〟と揶揄されたバッハ会長だが、その生い立ちは必ずしも恵まれたものではなかった。

バッハ会長は一九五三年十二月二十九日、西独南部のバイエルン州ヴュルツブルグで、仕立屋を兼ねた織物店を営むカソリックの両親の下に生まれた。

「どちらもスポーツの教育的価値を信じるスポーツ愛好家だった」という両親は、バッハ会長が六歳の時、地元のフェンシングクラブへ通わせた。バッハ会長本人によると、「半日しか幼稚園に通っていない」という。登園した日の午後、家に戻ると「僕は幼稚園に向いていない」と両親に告げたのだ。「スポーツ多動性」という症状だったようだ。それを矯正するため、両親が選んだのがフェンシングクラブだった。バッハ会長は「サッカーは左足が利き足で、テニスでも左利き」だったが、フェンシングは右利きで行った。もともとサッカー選手になりたいと思っていたバッハ会長はみるみるうちにフェンシングの才能を伸ばし、地域のジュニア選手権で活躍した。

しかし、少年バッハは父親の病気に悩んでいた。第二次大戦の対ソ戦線で捕虜になった後遺症ともいわれる。「父は覚えている限りずっと病気だった」ので、「父はどれくらい生き続けるのか」と気に病み続けた。酸素ボンベが常にベッドの横にあるような状態は、バッハ会長が十四歳の時、父親が亡くなるまで続いた。

バッハ会長はその後、一九七六年のモントリオール・オリンピックの西独フェンシング団体選手に選ばれ、金メダルを獲得した。二十二歳の時だった。

当然、一九八〇年のモスクワ・オリンピックでの活躍を期待されていたが、東西冷戦という国際政治がバッハ会長の願いを打ち砕いた。

文武両道を地で行くバッハ会長はヴュルツブルク大学で法律を学んだ後、一九八二年に法律事務所を設立した。自ら誓った〝立場を替える〟動きはそれより早く、一九八一年に独バーデン・バーデンで開催されたオリンピック総会（コングレス）のアスリート代表を務め、ＩＯＣのアスリート委員会の創設メンバーとなった。モスクワ・オリンピックのボイコットがあった一九八〇年に就任したアントニオ・サマランチ会長の時だった。以後、バッハ会長は「サマランチの息子」と称されるほど、サマランチが進めたオリンピックの商業化、テレビ放送権料の引き上げに関わっていく。

バッハ会長が育ったバーデン・ビュルテンベルク州の温泉保養地、バーデン・バーデンで一九八一年九月三十日に開かれたＩＯＣ総会は、日本のスポーツ関係者、特にオリンピック招致に関わった人々にとっては「敗北」の記憶として語り継がれている。一九八八年名古屋オリンピックの招致を行った日本は、名古屋有利とされた下馬評をひっくり返され、韓国ソウル市に開催地が決まったからだ。

この逆転勝利を演出したのが、独スポーツ会社「アディダス」の創業家一族であり、国際スポーツ・イベントの実力者だったホルスト・ダスラー社長であるとされる。バーデン・バーデンのホテルで、開催都市の投票権を持つＩＯＣ委員に接待攻勢を掛けたとの噂が後日流れた。

バッハ会長は一九八五年、アディダス国際マーケティング担当部長に就任し、このダスラー社長の下で国際スポーツビジネスのノウハウを吸収していった。

このころのダスラー社長は国際スポーツ界のドンと呼ばれるにふさわしかった。バッハ会長の入社前の一九八二年、ダスラー社長は日本の電通との共同出資で、スポーツマーケティングの専門会社「インターナショナル・スポーツ・アンド・レジャー（ＩＳＬ）」を共同設立した。資本金は四十九万スイスフラン（当時のレートで約四千万円）で、出資比率はダスラー側が五一％、電通が四九％だった。

ＩＳＬは国際スポーツ界を席巻し、一九八五年にＩＯＣとオリンピックのグローバル・マーケティングプログラム「The Olympic Partner（TOP）」の独占エージェンシー契約を結んだ。TOPスポンサー制度をサマランチ会長が作ったのはダスラー社長と電通の支えがあってこそであり、バッハ会長はその力を目の当たりにした。ISLはこのほか世界陸連（当時は国際アマチュア陸上競技連盟＝IAAF）の世界陸上のマーケティング権など、二〇〇〇年までの主要な国際大会を牛耳った。

バッハ会長は一九八七年、アディダスを去る。ダスラー社長が同年死去したのだ。ダスラー社長と蜜月状態にあった電通は、「盟友ホルスト・ダスラーは51歳の若さで急逝した。1987年4月9日。癌であった」と社内報で記した。

バッハ会長はダスラー社長の下で培った人脈を生かし、経済界とスポーツ界で頭角を現す。経済界では一九八八〜九〇年に独連邦経済大臣の中小企業諮問委員会議長を務め、一九九八年に独木材加工大手ヴァイニッヒの監査役、二〇〇〇年に独大手製造業系列のシーメンスシュバイツ顧問に就いた。二〇〇六年にはアラブ―ドイツ商工会議所の会長に就き、クウェートの首長シェイク・サバーハ・アル・アフマドとの関係を深めた。アフマドはアラブ諸国で政治的権力を持ち、オイルマネーでスポーツ界に強い影響力を持つ。各国オリンピック委員会連合（ANOC）会長も務め、「バッハの支持者」を公言してきた。

だが、輝かしい経歴の陰には闇もあった。

バッハ会長がシーメンスと契約したころ、中国は二〇〇八年の北京オリンピック招致に動いていた。そして、シーメンスも成長著しい中国市場での事業を拡大していた。バッハ会長自身は二〇〇〇年、IOC副会長に就任していた。

ＩＯＣは二〇〇一年、北京を二〇〇八年大会の開催都市に選ぶ。シーメンスは北京オリンピック関連事業として、北京空港の手荷物処理システムや道路の信号網、競技場のセキュリティなど十六億ドルの事業を獲得した。

バッハ会長とＩＯＣ、シーメンスは利益相反関係にある疑いが出たが、ＩＯＣの倫理委員会は不問にした。ところが、バッハ会長がシーメンスから年間四十万ユーロ（約五千二百万円）の顧問料とは別に、「日当」として一日五千ユーロ（約六十五万円）を得ていたことが露見した。これがシーメンスの監査役会で問題とされた。高額な報酬がありながら日当を二重取りしているのはいかがなものかとして、バッハは顧問契約を打ち切られた。

バッハ会長はスポーツ界でもキャリアを順調に積み上げた。一九九一年にＩＯＣ委員に就任し、九六年にＩＯＣ理事会の一員となった。このころ、ＩＯＣはサマランチ会長の独裁状態にあり、自身が任命した委員が急速に勢力を拡大していた。バッハはそんな「サマランチ・チルドレン」の一員として出世し、サマランチ退任直前に副会長に就任した。

独国内でも二〇〇六年、ドイツオリンピックスポーツ連盟（ＤＯＳＢ）の創設会長に就任。さらに二〇一三年、ジャック・ロゲ会長の退任に伴う会長選に立候補した。五人の候補の中で最有力候補だった。しかし、ＩＯＣ関係者の間では「ＡＢＢ」という隠語が出回ったという。これは、Anyone but Bach（バッハ以外なら誰でもいい）を意味する。思いのほか、人望には欠けていたようだ。

バッハ会長は選挙戦でマニフェストを示し、「多様性の中の統一」を掲げた。

「『多様性の中の統一』は第一に、異なる文化、性別、社会的背景、認識、態度、意見を尊重することを意味する。IOCの将来についての真の概念はひとつだけではない。オリンピックの魔法の秘訣は、あらゆる面での多様性と普遍性だ」

そして、その実現のためには、「透明性、対話、連帯が必要だ」としている。

「透明性は、実際の対話の基盤だ。対話の相手が公正な結果に到達するためには、同等の情報を持っている必要がある」

と記している。新型コロナ禍で日本政府が感染対策の具体的な基準を示すことなく強行開催へと突き進んだ時、バッハ会長は日本人に透明性の高い情報を提供しただろうか。マニフェストは所詮きれいごとだが、それでも鼻白む思いがする。

ともあれ、バッハ会長は二〇一三年九月にIOC第九代会長に就任した。

そして、一期八年を経て、二〇二一年三月に再選されている。任期は二〇二五年まで。このほか、IOCが出資した「オリンピック財団」や「オリンピック・ブロードキャスティング・サービス（OBS）株式会社」、「オリンピック文化遺産財団（OFCH）」、「オリンピック普遍的倫理財団（FEOU）」、「オリンピック難民財団（ORF）」、「オリンピック・チャンネル・サービス（OCS）株式会社」の理事長、社長を兼務している。

IOC会長はサマランチ会長以来、IOC本部があるスイスのローザンヌ市にある高級ホテル「ローザンヌ・パレス・アンド・スパ（パレスホテル）」に居を構える。

IOCは二〇一五年四月、バッハ会長の報酬が年間二十二万五千ユーロ（約二千九百二十五万円）と公表した。しかし、各種財団や株式会社の報酬や日当は非公表で、IOCは、OBSやOCSは役員に日当などの「補償はしていない」としているが、確認はできない。

また、パレスホテル宿泊料についてもIOCは公表していない。IOCは国際会計基準（IFRS）に沿って適正な処理をしていると説明し、「IOC財務諸表の項目『輸送、旅費及び住居費』に一部として開示している」とするため、これも具体的な金額はわからない。

バッハ会長が居住する豪奢なパレス・ホテル

IOCが本部を置くスイスの民法はNPOへの規制が緩く、財務や報酬の公開を義務付けていない。しかし、オリンピックには開催国の巨額の税金が投入されている。IOCが本当に「平和の祭典」の主催者ならば、法の枠を超えて、自ら情報を公開すべきではないだろうか。

ちなみに、サマランチ会長は仏デザイナーのココ・シャネルが滞在した「ココ・シャネル・スイート」を愛用。朝日新聞（二〇一三年八月四日付）は「IOCが公表した（19）98年のサマランチのホテル代、生活費は20万4000ドルだった」「12年のロゲのホテル代、旅費代などは計70万9000ドル」と伝えた。IOCは「現在の永住資格は前会長と異なり、比較は正しくない」としているが、〝オリンピック貴族〟と呼ばれるのにふさわしい生活をしているのは間違いない。

「トーキョーマリオ」と「トム・カフェ」

「トーキョーマリオ!」

小学校低学年ぐらいの男の子が、目の前のスーパーマリオの小さなマスコットに目を輝かせた。スイスとフランスの間のレマン湖(ジュネーブ湖)を臨むスイス・ローザンヌ市の小高い丘に建つ三階建ての白亜の建物、オリンピック博物館で二〇一八年九月、筆者が見た光景だ。約三千平方メートルの博物館の展示スペースには、歴代大会のメダルや選手のユニフォーム、聖火リレーのトーチなど約千五百点の貴重な資料が展示されている。

敷地内には庭園もあり、創始者クーベルタンの銅像や百メートル競走の実物大トラック、果ては「非暴力」をテーマに銃身がねじれて撃てない回転式拳銃のモニュメントなども見ることができる。

博物館の建物は二〇一三年十二月、リニューアルオープンした。

入り口を入ってすぐの階段を上ると、最初のテーマ、「オリンピック・ワールド」の展示室がある。古代オリンピックの歴史や創始者クーベルタン男爵の理想、近代オリンピック実現への軌跡など、オリンピックの世界を紹介している。

続くテーマ、「オリンピック・ゲームズ」の展示室は、千本以上のビデオデータベースから、各大会の名ドラマが詰まった感動のシーンを見ることができる。最新のオーディオ・ビジュアル技術はTOPスポンサーのパナソニックが提供している。最後のテーマ、「オリンピック・スピリット」の展示室では、トレーニング体験や、選手村に入り、憧れの有名チャンピオンとバーチャルで対面して話を聞くことなどができる。選手になり切ってオリンピックに参加したような気分になり、オリンピックの世界を体感できる。

そんなオリンピックを彩る品々のひとつである、歴代大会のマスコットの展示コーナーにスーパーマリオがあり、地元の子供たちが歓声を上げたというわけだ。

ただし、正確にいうと、東京オリンピックのマスコットは「ミライトワ」、東京パラリンピックのマスコットは「ソメイティ」。マリオはオリンピックのマスコットではない。だが、二〇一六年八月のリオデジャイロ・オリンピック閉会式で、次の東京オリンピック開催国の安倍晋三首相（当時）が地球の裏側から土管をくぐってマリオの姿で登場した演出が受けたためか、それともＩＯＣの配慮なのかは定かではないが、小さなマリオの人形が展示されたのだ。

オリンピック博物館の「トーキョー・マリオ」

博物館の最上階には食事ができるカフェ「トム・カフェ」（TOM café）がある。

五輪カラーで彩られたメニューは多彩で、料金は高めだ。これはデフレが長く続いた日本とスイスとの経済格差を反映したもので、トム・カフェが特に高いわけではない。メニュー表紙にＴＯＰスポンサーの一社であるビザカードが表記され、他のカードが使えない。「長距離競走のため」と名付けられた料理「トライアスロン」は二十七スイスフラン（約三千三百円）。幅広のイタリアパスタ「タリアテッレ」のカルボナーラだ。肉類のコース「No Ii-meats」は無制限（ノーリミット）のダジャレだろうか。そのうちのひとつ「トムバーガー」は野菜とチーズのハンバーガーに、フレンチポテト付きで二十五スイスフラン（約三千円）だ。

カフェの名前やメニューに出てくるトムは、バッハ会長のファーストネームであるトーマスが冠せられているように見える。ＩＯＣは The Olympic Museum（オリンピック博物館）の頭文字をつないだ略称としているが、偶然にしてはよくできた話である。

オリンピック博物館の歴史は、企業スポンサーによる支援の歴史でもある。一九九三年に建設された旧博物館は、ジャパン・マネーの貢献が大きい。西武グループのオーナーだった堤義明氏が音頭を取って、日本企業からの寄付金を中心に建てられた。もともとは木造二階建ての倉庫に収められていた貴重な品々が日の目を見ることになり、ＩＯＣは博物館正面に寄付をした企業の名前を刻んだ碑を建てた。日本の神社仏閣が寄付者の名前を掲示するのと同じだ。

ただ、タイミングが悪かった。日本は一九九八年の冬季オリンピックを長野市に招致するため、八八年に国内候補地に決まってからというもの、激しい運動を行い、ＩＯＣ委員への接待攻勢を繰り返していた。当時はサマランチ会長の時代で、堤氏は長野の競技会場が、自社グループが保有するスキー場と重なっていたこともあり、サマランチ会長と個人的なつながりを深めた。一九九一年のＩＯＣ総会で長野が開催都市に選ばれると、オリンピック博物館建設への寄付も招致活動の一環だったと関係者に受け止められたのである。

長野オリンピックの招致活動で、サマランチ会長に日本刀が贈られたが、これが個人への賄賂性のあるものではないかと疑われ、それを晴らすために、オリンピック博物館に収められたこともあった。

このオリンピック博物館は開館十年後に改修された。二十年以上の長期にわたって君臨したサマランチ会長が退任し、後を継いだジャック・ロゲ会長の在任時にリニューアル工事が始まり、バッハ会長が就任後の二〇一三年十二月に現在の形になった。

オリンピック博物館にある支援企業を刻んだ碑

この間、変わったのは企業スポンサーの構成だ。二〇〇八年北京オリンピック開催の前後から、ジャパン・マネーに代わってチャイナ・マネーが存在感を高める。現在のオリンピック博物館にも企業スポンサーら寄進者の名前を記した碑はある。ただ、過去のスキャンダルに学んだのか、寄進者名の碑は建物の入り口を入った階段の奥の目立たない場所にある。企業名が刻まれた大理石がブロックのように組み上がっている。右端の最上段に電通があり、トヨタやパナソニックなど日本企業もあるが、中国最大の石油会社「中国石化（シノペック）」や「中国銀行」など中国系企業も多い。

二〇二一年七月十三日、東京オリンピックのために訪日したバッハ会長が日本人に呼び掛けるところで、「チャイニーズ・ピープル」と言い間違えた場面を思い出してほしい。二〇〇八年の夏季北京オリンピック以来、IOCにとって中国の存在感は増大した。バッハ会長は新型コロナ下で、習近平国家主席と会談し、一時は中国製の新型コロナウイルスワクチンの提供の申し出を受けたこともある。うっかり日本と中国を間違えたのは、中国で頭がいっぱいだったからではないか。

オリンピックの歴史が、開催国の有力者とのつながりから紡がれていることを、博物館の変遷は示している。

そこに「トーキョーマリオ」が関係してくる。

リオデジャネイロ・オリンピック閉会式で、安倍首相がマリオに扮したことは先述した通りだ。だが、よく考えると、開催都市の小池百合子知事ではなく、開催国の首相が大会を引き継ぐ場面に出てくるのは違和感がある。今回の東京オリンピック閉会式でも、パリのイダルゴ市長がその役割を果たした。わざわざ安倍首相が出演したのは、オリンピックの政治利用ではないのか。

この疑問を解決してくれるのが、森元首相だ。

森元首相の著書『遺書　東京五輪への覚悟』には、安倍マリオの発案者が自分であることや、武藤事務総長以下に秘密にし、「佐々木さんと二人だけで話を進めました」との自慢話が紹介されている。

佐々木さんとは、電通出身の広告クリエーターで、東京オリンピックの開閉会式のクリエーティブディレクターを務めた佐々木宏氏だ。佐々木氏は開会式で女性タレントの容姿を侮辱する企画を提案したことで辞任している。さらに、佐々木氏の人脈に連なる音楽制作チームメンバーの小山田圭吾氏は過去のいじめ公言問題で開会式四日前に辞任した。開閉会式のショーディレクターを務めていた小林賢太郎氏に至っては開会式前日に解任された。

森元首相によると、最初、マリオ役をハンマー投げのオリンピック元代表選手の室伏広治氏にする案が出たものの、室伏氏が当時ＩＯＣ委員に立候補していたことから、「政治利用になってまずい」との理由で立ち消えになったという。そこで、森元首相発案の「安倍マリオ」案が出てきた。室伏氏なら政治利用になって、安倍首相ならいいという理屈はよくわからないが、ダメだった時の代役に、元水泳金メダリストの北島康介氏に打診していたことも明かしている。マリオが「渋谷から穴を掘ってリオへ行く」案も自分が出したと、自慢は止まらない。森元首相は、側近からＩＯＣの承諾が必要と提言されたとしているが、これは安倍首相ならもっと政治利用に抵触するというリスクを指摘されたことを、都合よく脳内変換しているのではないか。

結局、「これは私とバッハさんとの会談で決めるしかない」との結論になり、リオデジャネイロ・オリンピック開催に伴うＩＯＣ総会で、了承を取り付けたという。森元首相によると、「バッハさんもにこにこ笑って、『いやあ、ミスター・モリ、生涯最大のユーモアですね。そのユーモアの成功に賭けましょう』と言ってくれました」とあり、バッハ会長が政治利用を容認したという。

森元首相は、「国内では、政治利用だとか何だとか、とやかく言っている人も若干いたようですが、的外れもいいとこです」と著書で、この問題を締めている。オリンピックの政治利用に当たろうが、ＩＯＣ会長の承諾を得れば問題ない。当のＩＯＣ会長も開催国の政治的有力者のお願いがあれば、オリンピック憲章を後回しにする。まさに東京オリンピック強行開催を主導した二人は、大会前にその程度の催しであることを正直に吐露していたのだった。

オリンピック憲章を最も尊重しないのはＩＯＣ

ＩＯＣはＮＰＯ兼ＮＧＯであるが、傘下に多くの財団や株式会社を持つことで、巨大なグループを形成している。そのひとつが、インターネットでオリンピック関連の記事や動画を配信する「オリンピック・チャンネル・サービス」（ＯＣＳ）だ。ＯＣＳのホームページは、二〇二〇年一月、「オリンピックのメダル数ランキング――多くメダルを取っている国は？」という記事を掲載した。

夏季大会と冬季大会について、メダルを獲得した上位各二十カ国と金、銀、銅のメダル数の内訳を記したものだが、夏季大会については、「日本は世界で11番目に多くメダルを獲得しており、その内訳は金メダルが１４２個、銀メダルが１３５個、銅メダルが１６２個である。前回のリオデジャネイロ五輪では、日本最多となる1大会で41個のメダルを手にした」、「最もメダルを手に入れた国はアメリカ合衆国で、総数２５２２個を記録して2位以下に１０００個以上の差を付けている」、冬季大会については、「冬季五輪の日本が、獲得したメダルの総数は世界で17番目」、「最も手にしたメダルの種類は、それぞれ22個を記録した銀・銅メダルである」、「夏季五輪とは異なり、ノルウェーが強さを見せており、世界で一番多い合計３６８個のメダルを獲得している。アメリカ合衆国はそのノルウェーに次いで2位に位置し、トータル３０５個のメダルを手に入れている」と記している。

オリンピックで自国のメダル獲得数に一喜一憂するのはどこの国民も変わらない。それは「平和の祭典」と持ち上げようと、オリンピックの本質が国威発揚の場に過ぎないことを示している。

ただし、メダル獲得のニュースは瞬く間に消費され、自国が通算何個のメダルを獲得したかを覚えている人はほとんどいない。そんな国別メダル数をＩＯＣのグループ会社であるＯＣＳが「公式」に記録してくれたわけだ。

筆者は、便利な資料だと評価しているのではない。これはＩＯＣが自らオリンピック憲章に違反した証拠なのである。

筆者が訪れた2018年には建設中だったIOC本部

オリンピック憲章五十七は「ＩＯＣとＯＣＯＧ（組織委員会）は国ごとの世界ランキングを作成してはならない」と定めている。オリンピックはあくまで「スポーツの祭典」であり、国家同士の対抗戦ではないとの「建て前」を憲章で担保し、ＩＯＣとＯＣＯＧの行動に制限をかけているのだ。

だが、前述のＯＣＳの記事は、「国ごとの世界ランキング」以外の何物でもなかった。記事を掲載したＯＣＳはスペインのマドリードに本社を置く有限会社。同社の株を保有し、収益を吸い上げているのが同名の株式会社、「オリンピック・チャンネル・サービス」だ。誠にややこしいが、株式会社のほうの本社はスイスのローザンヌにある。この株式会社の社長を務めるのが、ＩＯＣのバッハ会長だ。つまり、ＩＯＣトップが自ら憲章を踏みにじったに等しいのが、このメダル数ランキングなのである。

だが、ＩＯＣも東京オリンピックの組織委も当初、問題をまったく認識せず、一年以上も記事を掲載し続けた。

筆者は二〇二一年二月に記事を確認し、国別メダルランキング表は憲章違反ではないのかと、ＩＯＣにメールで問い合わせた。しかし、まったく反応はなく、改めて問い合わせたものの、回答期限までにやはり返事はなかった。

三月になって、組織委の幹部の一部が表の問題に気付き、内部で調査を開始した。筆者が同時期、三度ＩＯＣとオリンピック・チャンネルに問い合わせをしたところ、当該記事は突然サイトから消えた。

これまでもＩＯＣは、自分にとって都合のよい時だけオリンピック憲章を振りかざし、そうでない時は蔑《ないがし》ろにしてきた。

一九六八年のメキシコ・オリンピック、陸上男子二百メートルの表彰式で、金メダルを取った米国のトミー・スミス選手と銅メダルのジョン・カーロス選手は、米国国歌が流れ、星条旗が掲揚されると、うつむきながら黒い手袋をはめた拳を掲げた。これは公民権運動を支持し、黒人差別に抗議する示威行動「ブラックパワー・サリュート（Black Power salute）」だった。大会半年前には、米公民権運動を率いたキング牧師が暗殺されていた。二人からすると、普段は差別を続け、メダル獲得の道具としてのみ評価する米国社会に対する抗議の場は、表彰台しかなかったのだろう。だが、その思いを共有しない会場はブーイングを飛ばした。

ＩＯＣは即座に、政治的中立を定めたオリンピック憲章に反するとして、スミス選手とカーロス選手の永久追放を決めた。二人は選手村から追い出され、米国に強制帰国させられた。二人は勤務先を解雇され、家族が脅迫される中、カーロス選手の妻は自殺した。スミス選手は四十年後に受けたインタビューで、「一夜にして悪者扱いされ、帰国後は職に就くことができなかった」と述べている。

この時、銀メダルを獲得したのはオーストラリアのピーター・ノーマン選手だった。白人のノーマン選手は、母国オーストラリアに男子短距離初のメダルをもたらしたが、栄光はゴールした瞬間までだった。ノーマン選手は表彰台で拳を挙げなかったが、胸に「人権を求めるオリンピックプロジェクト」のバッジをつけて臨み、白人でありながら黒人選手二人に連帯の意思を示した。

当時、オーストラリアは白豪主義を掲げており、ノーマン選手の行為はいわば「反豪」と国内で受け取られた。帰国時の空港で出迎えたのは家族や知人のみで、メディアや一般国民の姿はなかったという。一九七二年のミュンヘン・オリンピック予選で、ノーマン選手がオリンピック参加標準記録を突破したにもかかわらず、オーストラリア・オリンピック委員会は男子二百メートルにノーマン選手を派遣しないことを決めた。ノーマン選手は引退し、失意のうちに亡くなった。

黒人選手二人を永久追放した時のＩＯＣ会長は、歴代唯一の米国人のエイベリー・ブランデージだった。ブランデージはアマチュアリズムの権化であると同時に、人種差別主義者とも批判されていた。戦前のナチスへの協力はすでに述べたが、メキシコ・オリンピック開催前にも物議を醸していた。

人種隔離政策（アパルトヘイト）を取っていた南アフリカについて、ＩＯＣは当初、メキシコ・オリンピックへの参加を容認する方針だった。これに対して、アフリカの加盟国からボイコットの声が上がった。しかし、IOCは南アの招待取り消しを求めるIOC臨時総会の要求をはねのけ続けた。結局、南アの招待は取り消されたが、人種差別を容認するかのごとき姿勢に批判が集まった。

ブランデージは一九七二年のミュンヘン・オリンピックでも、やはり黒人差別を国策で進めていた南ローデシア（現ジンバブエ）の参加を認めようとした（これはIOC委員の投票で否決された）。ブランデージはこのことを、「心臓を一撃された」と表現した。ブランデージはミュンヘン・オリンピックで起きたパレスチナ・ゲリラによるテロの犠牲となったイスラエル選手の追悼演説で、ローデシア参加を巡る国際社会の働きかけを政治的脅しとみなし、テロリストによる脅迫と同列だと非難した。

人種差別に寛容であることは政治的中立を侵さず、それに対する抗議は政治的中立を侵す。IOCの二枚舌を歴史は示している。

今回の国別メダルランキング表作成も同じ問題が表面化したのに過ぎない。選手個人による「スポーツの祭典」は建て前であって、国別メダルランキングを作成し、国家間の対抗心を煽ることが「世界最大のスポーツ興行主」の本質なのだ。筆者が再三問い合わせた結果、IOC側からようやく返ってきたメールには「指摘に感謝する」とだけあった。国別メダルランキング表を作成した非を顧みる言葉はなかった。

ところが驚くことに、東京オリンピック開幕後、日本のメダルラッシュが続いたころ、組織委がホームページに再び国別ランキング表を掲載したのだ。しかも、前述のOCSのランキング表よりもさらにたちが悪く、総メダル獲得数で順位をつけるのではなく、金メダル、銀メダルの多い順にしているのだ。

閉会後のランキング表一位は米国、二位は中国、三位は日本。以下八十六位のシリアまで国名とメダル数が並ぶ。

米国と中国は総メダル数でも金メダル数でも一位、二位である。しかし、日本の総メダル数は五十八個で、金メダルが二十七個、銀メダルが十四個、銅メダルが十七個。日本は総メダル数だと五位だが、金メダル数が三位なので、米国、中国に次ぐ順位となっている。

国別メダルランキング表作成だけで憲章違反だが、あからさまに金メダルを優遇するのも憲章の趣旨に反する。憲章の英文はメダルをVictory Medalと表記するだけで、メダルの色や種類について定義していないからだ。

しかも、組織委の国別メダルランキング表は、メダルそのものの価値にランクを付ける金メダル偏重の結果、総メダル数が八個のカザフスタンの順位を八十三位とした。総数では二十九位なのにこの位置にいるのは、獲得メダルがすべて銅メダルだからだ。その証拠に、カザフスタンよりひとつ上のランクは、銀メダルを一個だけ獲得したバーレーン、サウジアラビア、リトアニア、北マケドニア共和国、ナミビア、トルクメニスタンの六カ国だった。ここまで露骨に、メダルの色に価値の違いをかぶせるのは異様と言わざるを得ない。

これには組織委内外から批判が相次いだ。関係者によると、一部の幹部がオリンピック憲章を武藤敏郎事務総長に突き付け、撤回を迫った。

先述したようにオリンピック憲章五十七は次のように定める。

ＩＯＣとＯＣＯＧは国ごとの世界ランキングを作成してはならない。ＯＣＯＧは各種目のメダル獲得者と、賞状を授与された選手の氏名を記す入賞者名簿を作成し、メダル獲得者の氏名をメーンスタジアム内に目につきやすいよう、恒久的に掲示するものとする。

この場合、ＯＣＯＧは東京オリンピック・パラリンピック組織委員会を指す。よって組織委がホームページにメダルランキング表を載せるのは憲章違反との指摘だった。

元ＪＯＣ職員もＩＯＣと組織委に国別ランキング表作成が憲章違反と指摘した。筆者も即、組織委にその意図を問いただしたが、返答はなく、黙殺された。これがＩＯＣと組織委のオリンピック精神の正体なのである。

二〇二二年は北京で冬季オリンピックが開催される。ウイグルへの人権抑圧を巡って、西側諸国でボイコット論が巻き起こりつつあるが、ＩＯＣはそれを、政治的中立を理由に非難している。しかし、これまでの経緯を見ると、ＩＯＣが政治的中立を掲げる時、世界は眉に唾を付ける必要がある。

ＩＯＣが自らの都合でオリンピック憲章を無視するのは、国別メダルランキング表の件だけにとどまらない。

二〇二四年の開催都市決定に際しても憲章に反した行動を取った。

オリンピック憲章は、開催都市を大会七年前に決めると定めていた。

ところが、バッハ会長は二〇一七年のＩＯＣ総会で、二〇二四年のパリ・オリンピックと二〇二八年のロサンゼルス・オリンピックを同時に決定した。候補地の辞退が相次いだうえ、パリとロサンゼルスは二〇二四年大会に選ばれなければ、以後は立候補しないとIOCに迫ったからだ。バッハ会長はあっさりとオリンピック憲章に反して、二都市の開催を同時に決めた。開催都市の負担増による立候補都市の減少は、オリンピックの持続可能性を損ねることは明らかだ。ビジネス感覚に長けるIOCは特例として、二〇二八年のロサンゼルス・オリンピックを十一年前に決めた。だが、さすがに無理があると悟ったのか、IOCはその後、オリンピック憲章から七年前決定の文言を削除し、開催都市選定の規則を変更した。オリンピック憲章の軽さをIOC自身が示したものだが、ちゃっかり同時にIOC委員の個々の力を削《そ》ぐことも忘れなかった。

JOCによると、候補地選定は次の手順で決められているという。

・オリンピック競技大会やユースオリンピック競技大会への開催に関心を示す候補地の意欲を調べ、関心を促すよう、恒常的で継続的な対話を行う。

・二つの将来開催地委員会（夏季・冬季）を設置し、オリンピック競技大会やユースオリンピック競技大会への関心を注意深く見守り、IOC理事会に報告する。

・開催に関心を示す候補地は、必ずしも単一の都市に限定されず、複数の都市、地域、または国でも開催地となることが可能となる。

・開催地選定の時期は大会開催七年前に限定されず、柔軟に決定される。（大会開催七年前に開催地を決定するオリンピック憲章規則三十三の変更）

一九九九年までは七年前の開催都市決定に至る過程で、IOC委員が立候補都市を訪れて実地で見聞。IOC総会で複数の立候補都市にIOC委員が一人一票の投票権を行使し、過半数を獲得する都市が出るまで投票を繰り返した。投票は無記名のため、最初の投票と最終投票が違っても外部にはわからない。必然的に委員の一票の価値は高まる。従来の決定方法は、IOC委員の判断に重きが置かれ、会長の独断を牽制する効果をもたらしていた。その一例が、人種差別政策を取っていた南ローデシアの参加を巡る問題で、ブランデージの「心臓を一撃」したIOC委員による反対の意思表示だった。いわばIOC会長の独裁を防ぐことを内包した制度が、委員一人一票の投票権だった。

もちろん物事には功罪、表裏がある。かつては投票権を持つオリンピック委員が、立候補都市を頼まれもしないのに訪問し、社会インフラや環境などを実地で見聞するという建て前と引き換えに、接待や賄賂を開催都市から提供される機会を作ることも度々あった。

IOCの歴史上、最悪の出来事のひとつである二〇〇二年のソルトレークシティ・オリンピック招致を巡る疑惑では、招致側がIOC委員の子息の留学費用を負担するなど、多額の便宜供与をしたり、工作資金を提供していたりしていたことが露見し、世界中から非難の声が上がった。IOCは、委員への贈り物の費用制限などの改革を打ち出したものの、その後も招致活動にまつわる疑惑は相次いだ。

今回の東京オリンピック招致でも、竹田恒和JOC前会長が汚職に関わったとして、フランス司法当局の捜査対象となっていることを忘れてはいけない。捜査はまだ終結していない。日本が原則、公務員への賄賂を犯罪としているのに対し、フランスの刑事法は民間同士でも贈収賄が成立する。法律を持ち出さなくても、ＩＯＣはオリンピック憲章「オリンピズムの根本原則」で、「普遍的で根本的な倫理規範の尊重を基盤とする」と定めている。

一方、新たな開催都市選定方法では、複数の立候補都市を絞る段階で、個々のＩＯＣ委員の意見はほぼ反映されない。選定委員会は人事権を握るＩＯＣ会長の下で指名された委員で構成され、複数候補からの絞り込みはそこで行われる。選定委員会が最優先候補地をひとつ選ぶと、ＩＯＣ委員は総会で賛否を示すだけだ。理論上は反対することもできるが、では別のどこの候補地を選ぶかは、改めて選定委が提案するのを待つしかない。理事会を経た最終案に対し、ＩＯＣ委員は是か非かの意思表示を示す受け身の立場に過ぎなくなった。

ＩＯＣが憲章を時に自在に変更し、時に無視するのは、憲章よりも大事なものがあることを示す。新型コロナ禍の最中の二〇二一年二月、ＩＯＣの候補地選定委員会は二〇三二年大会の開催都市の優先候補地に豪ブリスベンを選定し、インドのムンバイなど初開催を目指す立候補都市は落選した。あくまで優先候補地だったが、ＩＯＣは東京オリンピック前の総会で、二〇三二年のブリスベン・オリンピックを正式決定した。

かつて憲章で定めた七年前より四年も前に、しかも未定である二〇三〇年の冬季オリンピックの開催地よりも先に、二〇三二年の夏季オリンピック開催都市を十一年前に決めた。

この事実は、ＩＯＣがなりふり構わず、自らとテレビ局の都合を優先したことを意味する。ＩＯＣと世界各国のテレビ局は、二〇三二年のオリンピックまでという複数回の放送権料契約を締結済みだ。新型コロナ禍でオリンピックそのものの開催意義が揺らぐ中、ＩＯＣは自らを顧みるのではなく、放送権料契約の最終年の大会開催地を決めたのである。

ＩＯＣの収入は現在、七割をテレビ放送権料が占め、最大のスポンサーが米ＮＢＣだ。ＩＯＣと米ＮＢＣは二〇一四年に、二〇二二年から三二年までの六大会で約七十六億五千万ドル（約七千八百億円）の放送権料を支払うことで合意済みだ。

ただ、ＩＯＣが放送権料の大半を受け取るのは大会後である。ＩＯＣの立場に立って考えると、何がなんでもオリンピックを開催し、映像をＮＢＣに渡さなくてはならないと考えるだろう。また、テレビ局にしても、それだけ巨額の放送権料を支払うのに、開催地すら決まっていないというのでは心もとない。契約のある二〇三二年までは決めてくれというのは、当たり前の経営判断だろう。

バッハ会長が二〇二八年のオリンピック開催地を、オリンピック憲章に反してまで決めたのは、そうした事情によると考えるのが自然だ。憲章など後から変えればいいし、実際にそうなった。こうした融通無碍《むげ》な世界が、ＩＯＣにとっては居心地がよいのだろう。だから、ＯＣＳが国別メダルランキング表を作り、あっさりと撤回して恥じもしないし、東京大会組織委がそれを復活させても平気なのである。国別ランキング表の作成は、ＩＯＣが憲章を自ら破るガバナンスのない組織体であることを改めて証明したに過ぎない。

踏みにじられた「復興五輪」の精神

オリンピックに関する報道で、筆者には忘れられない出来事がある。筆者は二〇二〇年二月に三十年間在籍した毎日新聞社を退社した。そのきっかけのひとつが、筆者が書いたセーリング会場の選定を巡る記事に対する新聞社の腰の引けた態度だった。

すでに日本国内では忘れ去られたようだが、安倍前首相がオリンピックを招致した時に、大義名分に掲げたのが「復興五輪」だった。事故を起こした福島の原発が「アンダーコントロールにある」として、各国に賛同を呼び掛けたはずだった。

しかし、その精神は、最初から踏みにじられていた。オリンピック憲章と同じように、東京オリンピックの大義も蔑ろにされてきたのである。

たまたま東京オリンピックが無観客開催になったことで、責任を問われることがなかったが、湘南で行われたセーリング競技会場において、観客の安全確保は最初から真面目に考えられていなかったのである。福島の原発事故は津波が引き起こした。千年に一度の大地震だから「想定外」だったと、関係者は責任回避に走った。それは措《お》くとして、そこからの復興がテーマならば、「もし大津波が来たらどうするか」くらい考えておくのが常識だろう。とくにセーリング競技は海岸で行うため、もし津波が来たら、観客が呑み込まれる可能性がある。

神奈川県藤沢市江の島の湘南港にあるヨットハーバーを拠点に開かれたセーリングは、他の競技同様、観客席を設ける予定だった。海上で操船技術を競う競技の性質上、陸地から肉眼で試合を見るのは難しい。江の島の島内に海を一望できる高台はあるが、レースが行われるコース方向は見えにくかった。新型コロナウイルス感染などまだないころ、試合の雰囲気をできるだけ近くで味わいたいという素直な気持ちから、船が出入りする堤防近くの陸地に五千人を収容できる観客席を設けることで、

ＩＯＣと組織委、世界セーリング連盟は一致した。だが、彼らは会場の致命的な欠点を見落としていた。

江の島は相模湾に面しており、神奈川県は津波浸水区域に指定していた。県が民間企業に委嘱して、九つの地震のパターンに応じた津波の高さなどのデータを作成した。これによると、最も発生確率が高いとされるマグニチュード八・二の「大正型関東地震」の場合、地震発生一分半で船着き場近くの陸地に水深（浸水深）三十センチの津波が到達する。三十センチの水深は内閣府の基準で避難が困難になり、死者が出始める深刻な状態だ。データによると、約六分後に観客席の設置予定場所周辺に水深約一メートル、八分が経過すると島内ほぼ全域が水深約一メートルの津波に覆われる。

一帯に津波避難場所はあるものの、五千人を収容することができない。高台は津波避難場所に指定されているが、観客席から数百メートル離れた急傾斜の狭隘《きょうあい》な道を通らないとたどり着けない。水深三十センチの津波が地震発生後一分半で足元をすくい始める中、避難できる人は何人いるだろうか。

筆者は毎日新聞在職時にこの問題を取材し、何度も現地に足を運び、観客席の設置予定場所から歩測で避難ルートを歩いた。一人で数百メートルを全力疾走するとすれば、逃げ切れる可能性はある。だが、現実には五千人の人間が動くのである。互いが障害物となって走ることはおろか、速足で前に進むこともできず、波に呑まれてしまうだろう。

筆者は予言者のように、東京オリンピックのセーリング期間中に地震と津波が発生すると思っていたわけではない。ただ、絶対に譲れなかったのが「復興五輪」という日本が世界に示した大義名分だった。二〇一一年三月十一日の東日本大震災に伴う津波によって、東北から関東沿岸の死者・行方不明者は二万人近くにのぼる。明治三陸大津波で六十人以上が犠牲となった岩手県宮古市の姉吉地区の石碑に刻まれた「此処より下に家を建てるな」を覚えている人は多いだろう。警告を守り続けた同地区の家屋は、東日本大震災で津波被害を逃れた。

あるいは津波によって原子炉の冷却ができなくなり、メルトダウンを起こした東京電力福島第一原子力発電所の原子力災害を思い出してほしい。シミュレーションで想定された津波の高さを軽視し、防潮堤の整備を怠った結果、原子炉を冷却するための電源を喪失し、一帯に今も人が住めない放射線汚染を引き起こした。「想定外」を二度と逃げ口上にしないと、我々日本人は誓ったのではなかったか。組織委に日本人がいるなら、忘れたとは言わせない。

事実、当時の組織委内に津波からの避難が難しいと見るまっとうな意見も出ていた。そうした状況を反映し、二〇一七年末、セーリングの観客席を数百人へ削減するとの報道が出た。これは津波避難タワーに収容できる人数に相当する。かなり安全性に配慮した内容ではあるが、全員が津波到達までに逃げ切れない恐れがある数字だ。

だが、ＩＯＣや競技団体などの了解を得られないまま、組織委は観客を予定より約三割減の三千三百人にする案を検討していると、読売新聞が一九年一月、第二社会面で伝えた。これではほとんどの観客が津波に呑まれるため、減らす意味がない。東京オリンピックで政府、組織委がさんざん繰り返した「やってる感」を出すだけで、何ら解決にならない対応だ。

もともと、セーリング会場は東京都江東区の埋め立て地に設ける予定だった。東京都の招致案を認めたのはＩＯＣだ。ところが、東京都を開催都市に選んだ後、ＩＯＣは江東区のセーリング会場の変更を求める。セーリング競技は船の競争をヘリコプターによる空撮を中心に、テレビ中継するのが主流だった。だが、会場近くに羽田空港があるため、一帯の空域は飛行制限が厳しい。開催都市決定後しばらく経ってようやく気付いたIOCがヘリ空撮を譲らず、会場変更を余儀なくされた。

開催都市決定後の会場変更は他にもあった。暑さ対策を理由に、マラソンと競歩を札幌市で行うことにしたのもIOCだ。一連の動きに共通するのは、事前審査を事実上していないIOCの審査体制の脆弱《ぜいじゃく》さであり、二言目にはテレビ中継を絶対の価値として持ち出す姿勢だ。

ともあれ、セーリング会場は改めて選定し直すことになり、複数の候補地が手をあげた。最終的に候補地として残ったのが、前回の東京オリンピックでもセーリング会場（当時はヨットと呼んだ）だった江の島と、愛知県蒲郡市、千葉市美浜区のヨットハーバーだった。蒲郡市の施設は新しく、入江深くにある地形のため、地震による津波発生時の陸地までの到達時間が長く、観客が安全地帯まで余裕を持って逃げられる特徴があった。

だが、IOCと組織委、競技団体は結局、江の島を選んだ。「コンパクト五輪」が決め手となり、東京に近い江の島が選ばれたというが、湘南に愛着のある石原慎太郎知事（当時）が推したとか、地元の政治家や有名なメディア関係者が競技会場誘致に伴う地元の観光開発に期待したとか、さまざまな理由が取り沙汰された。ただひとつだけ確かなことは、津波対策を誰も念頭に置いていないことだった。

こうした状況を踏まえ、筆者は組織委に観客削減によって避難経路は確保できたのか、また、具体的に避難時間がどれだけかかるのか、確認を求めた。曲がりなりにも津波対策を理由に観客を削減するというのだから、それなりの根拠があるはずだ。しかし、取材対応した組織委の高谷正哲《まさのり》スポークスパースンは「避難できる」と繰り返すのみで、具体的な根拠を示すことを拒んだ。こちらは現地で何度も実測で歩いたデータを基に、「避難は難しいのではないか」と水を向けると、「（それはあなたの）主観ですね」と言う。

こうしたやり取りを含めて、筆者が二〇一九年四月に毎日新聞に書いたのが、「セーリング　東京五輪会場　津波避難は困難　想定地震8分で浸水」という記事だった。その時、「一面トップにはしない」と上司から伝えられたことを覚えている。事実、一面二番手の扱いだった。後になって大阪本社版には掲載されていないことを知った。全国紙の場合、本社ごとに記事の扱いが違うことはある。ただ、筆者に伝えないまま不掲載にされるのは初めてだった。これも、オリンピックのスポンサーになったことと関係していると筆者は受け止めた。

組織委は二〇一九年八月、江の島でテストイベントを実施した。前回の取材時、組織委は実地訓練を行うとしていた。後日、訓練の内容を問い合わせると、組織委は次のように回答した。

「本年8月に開催したテストイベントに合わせ、津波発生時の避難オペレーションについて、関係機関と連携した図上訓練を実施しました。今後も、スタッフの避難誘導訓練と教育、関係機関と連携した避難誘導体制の構築等により安全な避難体制を確立します」（傍線部筆者）

図上訓練……これが東京オリンピックの「復興五輪」の現実だ。新型コロナ禍で無観客となったから、想定される津波から観客は確実に守られることになっただけなのだ。

津波避難の記事を書いた約一年後、筆者はフリーランスの記者として、改めて組織委を取材した。

記者会見の取材登録を申し込むと、組織委戦略広報課は、「掲載媒体の編集者を通じてでなければ応じられない」と主張した。不本意であったが取材のため、文藝春秋の担当編集者の連絡先を伝えると、その日のうちに高谷氏から担当編集者の携帯に電話があった。高谷氏は、「なぜ後藤記者を使うのか」、「後藤記者がどういう人か知っているのか」と迫ったという。この編集者は、前著『オリンピック・マネー』の担当者でもあったので、「後藤氏は最適の人物です」と返してくれたそうだが、それを聞いた筆者が戦略広報課に抗議すると、電話口の担当者は恐縮していた。しかし、その後、連絡のついた高谷氏は「広報として当然のことをしたまで」と開き直った。大会が開会した後、他社を含め、編集者を通じた質問に回答が来たことはない。

揺らぐ電通の威信

「2013年9月7日アルゼンチン・ブエノスアイレス。IOCジャック・ロゲ会長が『TOKYO』の名前を読み上げた時の感動は忘れられない。まさにオールジャパンの勝利。国際ロビー力が弱いといわれていた日本が堂々と勝利した瞬間、日本人の顔が笑顔になったような気がするのは私だけではないと思う」

行間から喜びがあふれだす文章は、日本最大の広告代理店、電通が二〇一四年六月、組織委の専任代理店となり、大会スポンサーの獲得に向けた意思表明と、オリンピック・パラリンピックのマーケティングについて説明した社内報「電通報」の中の一節だ。

筆者は電通の坂牧政彦氏。文章が載った前年の二〇一三年十一月、電通スポーツ局の2020東京オリンピック・パラリンピック室マーケティング部長に就任。現在は組織委のマーケティング局長を務める。組織委のマーケティング局次長も電通出身者が就いている。大手メーカーから組織委への出向者によると、「民間であれ、中央官庁であれ、地方自治体であれ、オリンピックのことを知っている人はいない。組織は電通なしでは動かないし、電通が仕切っている」という。

電通は招致段階から深く関わっていた。都職員として二〇一六年の招致委員会で申請、招致ファイル作成などに携わった鈴木知幸国士舘大学客員教授は、「電通から五、六人が招致委に来ていた。ほとんどの資料は電通が会議で配布し、『マル秘扱いで』と、都の職員に伝えていた」と言う。二〇〇九年六月一日に開かれた都議会のオリンピック・パラリンピック招致特別委員会で電通からの出向者についての質疑があり、都の東京オリンピック・パラリンピック招致本部企画部長は、「（招致）委員会が採用した固有職員は、民間は二十一名でございまして、うち民間企業派遣が十五名、うち電通が五名でございます。電通五名のうち、部長クラスの事務次長、一、それからエグゼクティブディレクター、一、チーフディレクター、二、等でございます」と答えている。

同委では招致関係でIOCへの対応費用が二〇〇八、〇九年度で計約九億五千万円かかり、委託先は特命随意契約で電通だったと説明があった。特命随意契約とは、国や自治体が競争入札を行わず、特定の業者を指定して結ぶ公共事業の契約形態だ。質問した都議は、「これだけ電通に偏った委託契約が行われている（中略）。招致準備の基礎調査費、これ電通がとったのは九百八十七万円ですよね。最初そういう契約から始まって、基礎調査だから、電通がやったから、もう電通に任せる以外ないということで、どんどん契約金が膨れ上がってこういう形になっているということは、私は都民の目から見てもまずいと思うんですよ」と指摘した。

そのくらい電通なしでは前に進まないのがオリンピックだった。

オリンピックに立候補した段階で、組織委が目標とした広告収入は九百四十三億円だった。ところが、開催都市に決定すると、これを千五百億円に上方修正した。この金額は当時、「日本のスポーツマーケティング史上最高の目標数字」（「電通報」）だった。その直後、組織委は、もともと一業種一社に限定していた組織委スポンサーに同業他社が複数就くことを容認した。

この同業他社の複数契約が思った以上に功を奏し、専任代理店の電通は六十八社から約三千五百億円の広告収入を獲得。新型コロナ禍の延期に伴う二百二十億円の追加分を合わせると、総額約三千七百二十億円に達した。サッカーワールドカップ大会や世界陸上と異なり、オリンピックは競技会場にスポンサー企業の看板を出すことができない。本来は「『一業種一社』」の価値」を企業が自覚し、「最終的に40社〜50社しか東京2020のスポンサーになれないという現実が、最大にして最も貴重な価値を生み出している」（同）ものだった。その「一業種一社」の枠を取っ払ってもなお、広告出稿価値を認めさせたのは電通の力に他ならない。

従来よりも広告価値が下がるにもかかわらず、これに応じた業界のひとつが新聞社だった。二〇一六年一月二十二日の「電通報」が伝えた内容は以下だ。

東京オリンピック・パラリンピック競技大会組織委員会と新聞四社は一月二十二日、東京2020スポンサーシップ契約を締結し、読売新聞東京本社、朝日新聞社、日本経済新聞社、毎日新聞社がオフィシャルパートナーに決定した。契約カテゴリーは新聞。同スポンサーシップは「一業種一社」を原則とするが、同カテゴリーについては国際オリンピック委員会と協議の結果、特例として複数の新聞社が共存することになった――。

「一業種一社」の例外扱いについては、ＩＯＣが特別に認めてくれたのだという。後ろめたいのか、四社の社長の熱は低い。決定を受け、読売新聞東京本社の山口寿一社長は、「より良い大会になるよう選手を応援するとともに、障がい者スポーツの振興にも注力したい」、朝日新聞の渡辺雅隆社長は、「公正な報道を貫き、平和でより良い社会を目指す大会の理念に共感し、協力したい」、日本経済新聞社の岡田直敏社長は、「スポーツはもちろん、日本経済や社会の躍動する姿を伝えていく」、毎日新聞社の朝比奈豊社長は、「点字新聞を発行する国内唯一の新聞社として、パラリンピックムーブメントの支援に力を入れる」とコメントを発表した。

新聞業界は他に、産経新聞と北海道新聞が、組織委スポンサーランクで最も低い「オフィシャルサポーター」に就いた。これで、ランクは異なるが、新聞業界のカテゴリーに都合六社が参加したことになる。オリンピック開催の是非を巡る議論で、旗幟《きし》を鮮明にすることなく、海外の報道を引用する形でしか批判記事を載せなかった新聞の報道姿勢を読者は忘れないだろう。東京オリンピックの大政翼賛会は、新聞社が大会スポンサーになった時に完成した。お金を払ってスポンサーになったことで、読者の知りたい情報の提供が滞るなら、報道機関の立場とオリンピックスポンサーの立場は利益相反関係になる。にもかかわらず、大手新聞社がこぞってスポンサーになったことに、この国の不幸がある。

新型コロナ下での開催の是非を問われた時、電通の立場も同じようなものだ。

二〇一五年七月、電通は二〇一八年（平昌オリンピック）から二〇二四年（パリ・オリンピック・当時は未定）までのアジアでのテレビ放送権（日本と中国、韓国などを除く）をＩＯＣから獲得したと発表している。放送権料の大会ごとの金額や電通の手数料などの詳細は公表されていないが、大会終了後に全額がＩＯＣに支払われることになっている。収益の大半をテレビ放送権料に依存しているＩＯＣにとって、大会の延期や中止は死活問題だ。バッハ会長やコーツ副会長らＩＯＣ幹部がこの一年余り、日本人の神経を逆撫でするかのように、新型コロナ感染拡大下でもオリンピック開催を主張したのは懐事情が大きかったと言える。この点で電通とＩＯＣの利害は一致する。

一方、組織委はどうか。これまで記してきたように、組織委が延期や中止に消極的だったのは否めない。ただ、そうであっても日本の世論をまったく無視できるわけもなく、ＩＯＣよりも延期や中止のハードルは低い。実際、政府の緊急事態宣言を受けて、組織委はほとんどの競技会場で無観客を選んだ。九百億円を見込んでいたチケット収入は九割近く減収する見通しだ。それでも無観客を決断したのは、世論の圧力である。その組織委を実質的に動かしているのも電通である。

放送権料ではＩＯＣとのつながりが深いが、組織委の主要ポストを社員が押さえ、専任代理店でもある電通はどちらの立場で動くのだろうか。

独立系のニュースメディア「Ｔａｎｓａ」は二〇二一年六月三十日に組織委とスポンサーが開いた非公開会議の議事録を入手し、その内容を報じた。以下引用する。

二〇一三年の五輪招致当時の経緯から話し始めたのは、電通出身の坂牧政彦マーケティング局長だ。

「当時の（開催都市候補だった）イスタンブールやマドリードに勝てた最大の武器は、実行能力だったと思います」

「我々はこの大会をきちんとやりきるということを世界に約束して、この厳しい中でも一年半頑張ってきたということだと思っています」

（中略）

「日本でなければ、とっくのむかしに中止になっていたと思いますし、世界中も誰もできると思っていなかったと思います。そんな中ですね、皆様方とこの大会が実現できるところまで来ています。やはりここでやめるのはもったいないです」

招致段階から東京オリンピックに深く関与してきた電通が、土壇場で開催できないことをもったいないと思うのは人情としてわかる。しかし、議事録からより強く伝わるのは、組織委の一員であるはずの電通出身幹部が、ＩＯＣの立場で気後れするスポンサーを鼓舞する姿だ。

中止、もしくは延期を望む国民の意思を反映すべき組織委と、無理やりにでもオリンピックをやらなくてはならないＩＯＣ。この利益相反関係の双方に足を突っ込んだ電通は、迷わずＩＯＣを取ったことになる。

「スポンサーって何なんだ」

トヨタ自動車の豊田章男社長がオフレコ懇談で心情を吐露したとされる言葉だ。新型コロナ感染が拡大しているにもかかわらず、開催の判断の先送りを繰り返したＩＯＣや政府、組織委に対する不信感から、スポンサーとの間に「亀裂」が入ったという。「すべての決断が遅い」と、豊田社長の怒りは収まらず、トヨタは後日、豊田社長の開会式欠席と大会期間中の国内ＣＭの放映見送りを明らかにした。トヨタはＩＯＣの最高位スポンサー「ＴＯＰ」の一員でもある。オリンピックを最高の広告媒体と煽ってきたＩＯＣ、電通と、有力スポンサーが一線を画し始めた。

米ブルームバーグは七月三十一日、米国でオリンピック放送権を持つ米ＮＢＣが広告主に補償を検討していると伝えた。米国での開会式の視聴者数は、過去三十年間で最低で、前回のリオデジャネイロ・オリンピックよりも四二％減ったという。同社はこれまでにオリンピックの広告枠を約十二億五千万ドル（約一千三百七十五億円）で売り切り、「過去最高の収益」を予想していた。

電通が築き上げた商業オリンピックのスキームから軋《きし》みが聞こえてきた。不祥事を連発した上、まったく退屈だと批判された開会式、閉会式の演出も電通が関係している。広告界の巨人である電通の威信が、今、揺らぎ始めている。

來田享子　中京大学教授（スポーツ史）・組織委理事インタビュー

オリンピックの歴史は、人間の失敗の歴史

――來田《らいた》先生は、森喜朗前組織委会長の女性蔑視発言の後、組織委があわてて女性理事を増やした際に理事会に入られましたね。理事会の様子はいかがでしたか。

來田　思っていたのとはずいぶん違いました。入る前は、一般的な理事会組織のように、何らかの担当があって、その担当分野に関して事務方の意見を集約したり、理事会での決定のための準備

をするものだと思っていました。しかし実際は、外部理事に近いイメージでした。私が理事に就任したのは開催まで三カ月半という時期だったからかもしれませんが、基本的には組織委職員があらゆる作業を行っていて、理事会は、よほどまずいことがないかチェックするだけという状態でした。以前から着任していた理事の中には、報道で見て初めて内容を知るということも、かなりあったと話す方もいました。月に一回、まとめて理事の承認が必要な人事案件や重要事項についての承認審議があって、理事の賛否を問う。また大会準備の進捗状況についての報告がある。時期が時期だけに、新型コロナに関する対策が中心で、着任時に新たに作られたジェンダー平等チームに関する内容もありました。だから、理事はこの会議で職員が提示する内容しかわからない、という状況でした。もし、自分の意見があれば、自分が連絡先のわかる部署とか職員に迷惑でもなんでも、メールを送るしかありませんでした。最初から理事だった人の中には、理事会で意見が出ることはほとんどなかった、と言っていた方もいました。

――森会長の御説を拝聴して終わると（笑）。

來田　私たち女性理事が新しく入ってからは、どうぞご自由に意見を言ってくださいというので、その日の報告や承認事項、あるいは報道などで課題だと指摘されている事柄について、それぞれ専門の立場からどんどん発言していました。橋本会長や武藤事務総長はメモを取って、理事会後の記者会見で、主な意見を紹介していたんじゃないでしょうか。これらの意見には、職員が「対応します」となったものもあるし、費用面や時間的・技術的問題で「無理です」というものもあった。そういうやり取りが増えたので、三月以降の会議はいつも一時間半くらい予定をオーバーしていました。

そういう意味では、森前会長は正しかったんです（笑）。

残念ながら、組織委から案件が上がってきた時、すでに覆せる状況ではないことが多かったですね。しかし、社会は、それを理事たちが決めたことだと思っている。そのずれが、組織委が立ち上がってから七年間も続いてきたため、社会からは、「理事たちは何をやってるんだ」と批判される素地になっていると思います。また、一カ月に一回の会議でまとめて報告、ということが慣例になっていたのか、何か問題が起きても、すぐに報告があるわけではないというのが、私たちが入った時の状況でした。いくら何でもそれはないだろうと、何人かから意見が出されて、これは改善されましたが。開会式の音楽を担当していた小山田圭吾さんの問題の後には、ダイバーシティやジェンダー問題に関係する問題があればすぐに連絡が来るようになりました。

結局、政治機構で言うと、大臣や議員がいない中、官僚だけで行政を行っているようなものです。主たる判断責任は組織委の各部署のチーフが担っている。通常、理事会は意思決定機関ですが、理事の意見が反映されるような体制にはなっていない、非常に不思議な組織体でした。

――ガバナンスを利かせる体制にはなっていないわけですね。

來田　日本の官僚型の組織になっていて、実質的に物事を決めている局長クラスは、どんな判断をしようとも名前も出てこなければ、責任があることも知られていない。ある意味、完全に守られた存在です。嫌な言い方をすれば、何か起きれば、最終責任は理事会に押し付けることが可能な構造になっている。

――責任をできるだけ曖昧にするための組織なんですね。

來田　職員も、別に悪意がある集団ではないんです。一人ひとりは誠実に、夜も寝ないで一生懸命仕事をしています。武藤事務総長からしてそうです。もう八十歳近いのに、晴海のトリトンスクエアにある組織委の床で寝ているというのですから。

これは不思議なことですが、巨悪があるわけではないんです。それなのに、誰も責任を負わない体制と市民に伝える言葉の不足のせいで、最終的には集合体としての巨悪になっていく。

――今、組織委の責任を問う声は国民の間に充満しています。

來田　私は、失敗の責任の八割以上は、広報のやり方にあると思っています。別に、組織委の高谷正哲スポークスパーソンが一生懸命やっていないということではないのですが、他者に語りかける言葉が貧弱だった。これは今の日本の政治家にも共通したことですが、まず、自分が攻め込まれないような表現で事実を説明し、それによって自分たちは悪くないと示そうとする。それで、終わる。

民主主義が発達した国では、社会的に責任のある立場の人は、質問している人の思いに寄り添うんです。自分の意見はこうだが、あなたの思いもわかる。次はあなたにも賛成してもらえるように物事を進めていく。そういった姿勢がある。

開会式を簡素化するというので、出番が削られた方がSNSで人種差別があったと発言した。これについて記者会見では、演出からその部分がなくなっただけで、人種差別によって排除したわけではない、という事実だけを述べる。もし海外の政治家なら、誰かが差別を受けたと感じる環境が、まだまだ社会の中にはあることを認め、オリンピックがそうしたことを解決するきっかけのひとつになればよいと思う、などと付け加えるでしょう。

――お前の言っていることは間違っている、というだけですものね。

來田　結局、日本は、知的エリートの育て方を間違ってきたのではないでしょうか。

私たちは何十年もマークシート方式で高得点を取った人たちを知的エリートだとしてきました。いくつかの選択肢の中に必ず正解があって、それをクリアすればいい世界で生きてきた。ですから、社会の中で優れていると言われる人たちほど、無難な答えしかできなくなっているのかもしれない。その最たるものが官僚ではないか。官僚はいつも百パーセント正しくて、自分たちは優秀だから失敗などしないんだと。そして、政治家は官僚の作文しか読まないので、それが社会全体のロールモデルになってしまっている。自らの言葉を湧き出させる、相手の思いに立って考える、そういったトレーニングがまったくできていないと思います。

――今回、組織委が、オリンピック憲章で禁じられている国別のメダルランキング表を作って公表したことをいち早く指摘したのは、來田先生もメンバーの日本オリンピック・アカデミー（JOA）でしたね。

來田　組織委のホームページにメダルランキングが公表されていたので、これはオリンピック憲章違反の疑いがあると、武藤事務総長に伝えました。すると組織委から、IOCがチェック済みのもので、過去の大会でもランキングの公表は容認しており、サイトの仕組みのこともあって削除することはできないという回答がありました。やむを得ず、国際オリンピック・アカデミー（IO

Ａ）に加盟する日本の組織であるＪＯＡの理事会有志で意見書を作成し、公表したのです。

私が調べた限りでは、確かに二〇一八年の平昌オリンピックでも作成されていました。それより前からやっているという話も聞きました。かつてオリンピック総会で、ＩＯＣ委員からもこのランキングをやめなければオリンピックの精神がダメになると批判があったそうですが、ＩＯＣは無視し、メディアからも指摘があるといいます。内外から批判はあるのに、ＩＯＣはやめようとしません。

――ご都合主義のＩＯＣですから、いずれオリンピック憲章のほうを変えるのではありませんか。

來田　そうなるかもしれませんが、国家間の競争心を煽るようなことはしてはならないというのは、近代オリンピック創設者のクーベルタン以来の思いなので、オリンピック憲章の中でも変えてはいけないものだと思います。

それにしても、よくわからないのは、メダルランキングなどはメディアや広告代理店などの外部に任せておけばいいと思うのですよ。それがオリンピックの精神に悖《もと》るものであっても、報道の自由もあるので勝手にやってくださいね、で済むと思う。それをわざわざＩＯＣと組織委の公式サイトに載せる意味がわかりません。しかも、小賢《ざか》しい細工はしてあって、日本語版を見ると、国名とは書かず、「チーム／ＮＯＣ」と書いてある。これは各国のＮＯＣ（国ごとのオリンピック委員会）とチームが獲得したメダル数だというのです。確かに、オリンピック憲章には、countries、国ごとのランキングはダメだと書いてあって、ＮＯＣとチームとは書いていない。しかし、一般市民から見ると同じものですよ。バッハ会長も弁護士ですし、ＩＯＣの弁護士は、訴訟には勝てると思っているのでしょうが、それは筋違いでしょう。

組織委によると、サイトは委託業者が更新しているもので、メダル数に応じて自動的にランキングが変更されるようなシステムになっているとかで、これを変えるには、またお金がかかるというのです。そもそもがそういうシステムになっている。

——システムを作っているのは、オリンピックの最上位のスポンサーであるＴＯＰ（The Olympic Partner）の一員でもあるアトス社ですね。だから、国別ランキングは今の商業主義オリンピックそのものにビルトインされたものなんです。

來田　歴史研究者が「もし」なんてことを言ってはいけないのですが、ＩＯＣの会長がジャック・ロゲ（前会長）だったら、新型コロナ下でのオリンピックは中止したのではないかと思います。ＩＯＣにはお金がなくなって、競技団体への支援などができなくなるかもしれませんが、その代わりに理念追及型の組織になったのではないかと。

ＩＯＣが豊かな財源を持つことに対して、バッハ会長は大いに貢献しました。そのおかげで、オリンピック・ソリダリティ（連帯）という途上国支援も非常に多くできるようになった。しかし、現代社会の中で、組織を潤しながら活動を継続するとなると、どうしても理念を削らざるを得なくなる。

——理念なきＩＯＣなどもはや無用ではありませんか。ＩＯＣにオリンピックを主催させることをやめて、国連など、別の組織に委ねる時が来ているのではありませんか。

來田　理念を捨てるのなら、ただのスポーツ大会でしかないので、もう、やってもやらなくてもいいですね。競技団体ごとにトップを決める大会はすでにあるから、別にオリンピックである必要はない。

なぜ、オリンピックが特別で、みんなが大事に思っているかといえば、それは人類が追求すべき理想を掲げているからです。その理想、理念を削るのならば、もうやらなくていい。

オリンピックの理念を追求しないなら、ＪＯＣという組織も要らない。選手を強化するだけなら、ＪＳＣ（日本スポーツ振興センター）という組織があるのですから。

今回の日本選手団の振る舞いで、とても残念だったことがあります。本来はホスト国として、選手村で世界の選手を出迎える立場なのに選手村に入らない。その理由を聞かれ、選手村の密を減らすとかそういうことではなく「自分たちの試合環境をよくするためだ」と答えてしまう。いくらたくさんメダルを獲っても、これでは恥ずかしい。オリンピックの意義をまったく理解していないことを世界に発信したようなものです。

結局、オリンピックをやれば観光客が増えると思った政治家や、オリンピック需要で儲かると思った経済人、ホームでやればメダルが獲りやすいと思ったスポーツ関係者が三位一体となって招致したオリンピックが、新型コロナの感染拡大によって、皮肉なことに「オリンピックとは何か」を私たちに再考させることになった。

なぜ、クーベルタンが貴族のお遊びでしかなかったスポーツに、世界の未来を託そうとしたのか。それは、欲望と力という、時として社会を破壊する二つの存在を、人間はいかにしてコントロールしながら社会を作っていけるのか、そのトレーニングの場として、スポーツを想定したのだと私は考えています。クーベルタンの時代、スポーツ（sports）は複数形の名詞で、貴族の遊び、どんちゃん騒ぎといった意味の言葉でした。それを、彼はあえて単数形でスポート（sport）と呼んで、教育的な意味を持たせようとしました。オリンピックの本質は教育的なムーブメントなのです。

――クーベルタンは晩年、自分が作ったＩＯＣから追い出され、「もし私が生まれ変わったら、現在のオリンピックを破壊するだろう」と述べていますね。

來田　人間は欲望や力をコントロールしなくてはならず、それによってのみ民主主義社会が作られていくという文脈が、クーベルタンの周囲の人たちには理解されなかった。一緒にオリンピックを始めた貴族仲間たちは、みんな欲望や力のほうへ走っていってしまった。そこにクーベルタンの絶望があったのです。そういう意味では、最初から同じことが繰り返されてきた。

国別メダルランキングもそうですし、新型コロナ下の強行開催もそうですが、オリンピックの歴史というのは、人間が力と欲望のコントロールに失敗し続けてきた歴史でもあるのです。

第4章

結局「国策」の正体は何だったのか

国民の大きな犠牲の上に開催されたオリンピックだが、
確実に得をした人物が二人いる。
一人は無事に放送権料を得るだろうIOCのバッハ会長。
もう一人が森喜朗組織委前会長だ。
「国策」を称したオリンピックは
神宮外苑再開発という巨大利権の道具だった。

女性蔑視発言

「女性理事を選ぶってのは、文科省がうるさく言うんです。だけど、女性がたくさん入っている理事会は時間がかかります」

組織委会長の森喜朗元首相は二〇二一年二月三日、ＪＯＣ臨時評議員会で、特に気負いもなく述べた。周囲に止める人間もなく、

「女性っていうのは競争意識が強い。誰かひとりが手をあげて言うと、自分も言わなきゃいけないと思うんでしょうね。それでみんな発言されるんです」

「女性の理事を増やしていく場合は、発言時間をある程度、規制をしないとなかなか終わらないので困ると言っておられた。だれが言ったとは言わないが」

「組織委員会に女性は七人くらいおりますが、みなさん、わきまえておられて」

などと繰り返した。

この時も、そして恐らく現在も森元首相本人はことさら意識していなかった女性蔑視発言は世界に伝わり、最終的に辞任へ追い込まれた。

オリンピック憲章の根本原則六は次のように定める。

このオリンピック憲章の定める権利および自由は人種、肌の色、性別、性的指向、言語、宗教、政治的またはその他の意見、国あるいは社会的な出身、財産、出自やその他の身分などの理由に

よる、いかなる種類の差別も受けることなく、確実に享受されなければならない。

二〇一四年版以降盛り込まれたこの表現で、女性差別はおろか、あらゆる差別を否定している。特定非営利活動法人日本オリンピック・アカデミーによると、平和でより良い社会の基盤づくりのため、「近年のＩＯＣが最も力を入れてきた課題のひとつがジェンダー平等の達成」だという。オリンピックの根本精神である「オリンピズム」とは、「人間としていかに生きるか」という問いかけに対する指針であるとされ、単にオリンピックの競技の場面だけではなく、私たち一人一人が日常生活の中で自らに問いかけ、それぞれの違いを認めながら思いやりをもって生きていくための道しるべで、「人類のおよそ半数に対する差別や不平等の解消は、オリンピック・ムーブメントがめざす世界の平和とより良い社会の構築に欠かせない達成課題」と位置付けている。

ところが、森元首相の女性蔑視発言の火消しに走ったのは、組織委やＪＯＣではなく、ジェンダー平等の達成に最も力を入れてきたはずのＩＯＣだった。

森元首相が翌日、不満げな態度の記者会見で発言を撤回すると、ＩＯＣはすかさず、「森会長は発言を謝罪した。これをもってＩＯＣは問題が終わったと考えている」と声明を出した。バッハ会長は森元首相の発言撤回をもって幕引きを急いだ。

ところが、世界中で批判の火の手が上がった。日本オリンピック・アカデミーの指摘通り、森元首相の女性蔑視発言は単なる放言にとどまらず、オリンピックの根幹を否定するものだ。燃え盛る批判がいっこうに収まらないと見るや、バッハ会長は組織委会長に女性を追加し、森元首相と共同統治する案を示した。これには、トップが二人いるのはおかしいと、森元首相が珍しく至極まっとうなことを言って応じなかった。珍妙なアイディアを提案してまで森残留にこだわったバッハ会長の態度は、余人にはうかがい知れぬ二人の密接な関係を示すと同時に、「平和の祭典」を標榜するＩＯＣの会長が、実はオリンピック憲章など理念は二の次にしか考えていないことを世界に明らかにした。

当日の会合に同席した山下泰裕ＪＯＣ会長はしばらく公式発言を控えていた。しかし、森元首相の発言撤回翌日の五日、「オリンピック、パラリンピックの精神に反する不適切な発言だったと思っている」と、東京都内で報道陣に応えた。

そこに至るまでの山下会長の対応も噴飯物だった。発言の録音を聞くと、森元首相の発言を聞いた出席者からは笑い声が漏れ、誰も咎める様子はなかった。そのことが批判されると、山下会長は、「指摘する機を逸してしまった」、「聞いた時には、『うん？』と思った部分は正直ありましたけれども」と弁明にもならぬ回答を繰り返した。さらに、森発言中に笑い声が上がった場面は、「女性差別のところではない」とまで強弁した。

そもそも組織委会長の森元首相がなぜ、ＪＯＣの会合にいたのか。山下会長は、ＪＯＣ名誉委員の森元首相が自ら出席を申し出たとした。山下会長は「本人が謝罪し、発言を撤回している。いろいろな意見があることは分かっているが、最後まで全うしていただきたい」と擁護することも忘れなかった。

ところが、バッハ会長や山下会長が森元首相をかばい続ける間、世界の批判の波はさらに大きなうねりを見せた。日本の国会では女性議員を中心とした抗議活動が行われ、大会スポンサーは森発言を否定するコメントを相次いで出した。

オリンピック憲章も世界の世論も気にしないが、スポンサーの声には敏感なＩＯＣはようやくことの重要性に気付き、森元首相切り捨てに手のひらを返した。ＩＯＣは九日、「森会長の発言はまったく不適切で、ＩＯＣが重視するものや二〇二〇年オリンピック・アジェンダの改革と矛盾する」との声明を公表した。

ＩＯＣのワールドワイドの最高位のスポンサーの一社であるトヨタ自動車の豊田章男社長は翌十日、「今回の大会組織委員会のリーダーのご発言は私たち、トヨタが大切にしてきた価値観とは異なっており、誠に遺憾だ」とのコメントを出した。ＩＯＣが森元首相とＴＯＰスポンサーのどちらを選ぶかは明らかだった。

森元首相は十二日、辞任を表明した。後任人事は森元首相が推した元日本サッカー協会会長の川淵三郎が人選の舞台裏をテレビの前で漏らしたことでつぶれ、「森の娘」と揶揄されることも多い元オリンピック選手で、自民党参院議員の橋本聖子が就いた。女性蔑視発言を取り繕うかのように、会長以下の理事に女性を登用し、辻褄合わせで森辞任劇は幕を下ろした。

森元首相の長広舌

女性蔑視発言が話題になりすぎて、この日、森元首相が何を話すためにそこにいたのかには注目が集まらなかった。女性蔑視発言は発言全体の後半に少し出てきただけだ。ならば、その前に森元首相は何を話したのか。

ここに、東京オリンピックはなぜ開かれなくてはならなかったのかを示すヒントがある。それは森元首相が深く関わってきた神宮外苑再開発とオリンピックの関係であった。

ＪＯＣ臨時評議員会が開かれたのは、新宿区霞ヶ丘町の「ジャパン・スポーツ・オリンピック・スクエア（JAPAN SPORT OLYMPIC SQUARE＝ＪＳＯＳ）」だ。地上十四階、地下一階のビルは、神宮外苑の中、国立競技場の近くに、二〇一九年五月にオープンした。

以下、森元首相の発言を軸に説明する。

森　この建物（ＪＳＯＳ）に、いろんな会議場があるんでしょうが、会議というものに参加したのが今日は初めて。実に立派な会議室だなと。

私どもの組織委員会の会議室とまったく違う。私どもの会議（室）には絨毯は入ってないです。（中略）ああいう、全部すぐ（映像が）映るような部屋は私どものところにはない。（中略）山下（泰裕ＪＯＣ会長）さんはうらやましいなと。

森元首相がＪＳＯＳの設備の立派さをことさら強調しているのがわかる。

森　しかし、建物、これで公式的には三度目かな、いや四度目。三回目はバッハ会長が安倍（晋三）前総理にですね、功労賞をお渡しになるのでそれをどこにしようかと官邸から相談がありました。すぐに新しいスポーツ会館（ＪＳＯＳ）がいいだろうと。バッハさんも、安倍さんも来れるし、みんな来れるんじゃないかと。

ＩＯＣのバッハ会長は二〇二〇年十一月十六日、安倍前首相にオリンピック・オーダー（功労章）の最高位にあたる「金章」を授与した。新型コロナ禍でもオリンピックの開催を進めたことをＩＯＣは評価したが、日本の国民の多くは開催に懐疑的だった。ともあれ、その授賞式の会場を森元首相が決めたというのだ。

ＩＯＣ委員でもなく、政府の一員でもない、森元首相がＪＳＯＳを会場として推す理由。それはこの建物をはじめ、神宮外苑再開発に陰に日向に政治力を行使してきたのが、森元首相本人に他ならないからだ。つまり、自分の功績を自慢するために、この会議に出てきたのだ。その浮かれた気分が失言を生んだと見ていいだろう。

森　今日は見えているかな、体協の方？　さぼってんですか、それとも。

長話をしながら周囲を睥睨《へいげい》していた森元首相は、日本スポーツ協会（旧日本体育協会）の関係者の顔が見えないことに気づき、そうすごんで見せた。だが、体協関係者は新型コロナ対応でオンライン参加していただけだった。森元首相が最初に言及した立派なモニター越しにきちんと参加していたのだ。あわてて「オンラインです」の声が飛ぶと、森元首相は謝るでもなく、「オンラインでいるなら、あまり悪口は言えないな」とまぜっ返しただけだった。

このＪＳＯＳの建設を含む、神宮外苑一帯の再開発——森元首相が深く関与したこの案件こそが、東京オリンピック強行開催への第一歩だった。

再始動した神宮外苑再開発

「始める前にちょっとお願いがあるんですけど、いいですか」

三度目の緊急事態宣言の延長期間中である二〇二一年六月四日、東京都千代田区の東京ガーデンテラスにある会議施設「紀尾井カンファレンス」で、「神宮外苑地区まちづくり開発計画概要に関する説明会」が開かれた。新型コロナ禍で中断していた神宮外苑再開発を再始動するための近隣住民向けの説明会である。その冒頭、参加した住民からお願いの声が上がった。

ここで説明されたのは、神宮球場や秩父宮ラグビー場の建て替えを核とする一帯約二十八・四平方キロメートルの再開発を二〇三六年までに終えるという壮大な内容だった。競技施設のほか商業ビルや事務所棟など七棟や公園部分を新設するもので、既存の建物は聖徳記念絵画館だけを残し、神宮第二球場はなくなる。

このような大規模な再開発は、環境影響評価書案の縦覧や住民説明会、評価書の縦覧、都市計画原案の公表などを経て、最終的には都の都市計画審議会で都市計画決定を得なければならない。手続きを逆算すると、年内に環境影響評価書案の縦覧を終える必要がある。そこで、説明会の主催者である三井不動産、宗教法人明治神宮、独立行政法人日本スポーツ振興センター（ＪＳＣ）、伊藤忠商事は、説明会を六月四、五日に定め、関係住民に通知した。

ところが五月二十八日、新型コロナウイルス感染拡大を受け、政府は九都道府県の緊急事態宣言を六月二十日まで延長したため、説明会は緊急事態宣言下で開かれることになってしまった。そこで冒頭の発言となる。緊急事態宣言下であることを理由に、住民が説明会の延期を求めたのだ。もっともな話だが、主催者は、感染症対策を十分に行っているからといって取り合わず、説明会は冒頭から緊張感に包まれた。

神宮外苑再開発計画は、オリンピック前の国立競技場の建て替えを前半戦とするなら、オリンピック後の秩父宮ラグビー場と神宮球場の入れ替え、伊藤忠本社ビルの高層化などが後半戦となる。

オリンピックが再度延期になれば、後半戦の開発がそれだけ遅れてしまう。中止するか、今年無理してでもやるか、再開発関係者にとって、そのどちらが望ましいかは自明のことだ。

これだけ巨大な再開発となれば、必要な作業員も資材も膨大なものになる。デベロッパーは、二〇二〇年八月のオリンピック終了直後から仕事に取り掛かることを前提にそれらを準備していたから、一年延期されただけで、それらを維持する経費がたいへんな負担となった。さらに一年延期するなど、とても考えられなかっただろう。

筆者は前著『オリンピック・マネー――誰も知らない東京五輪の裏側』（文春新書）で、そもそも神宮外苑再開発こそが真の目的であり、オリンピックはそれを実現するための道具でしかなかったと書いた。言い換えれば、オリンピックでなくても、国立競技場の建て替えのための大義名分があればそれでよかったのである。

十年以上にわたって周到に計画された再開発において、主役は国立競技場の建て替えであり、オリンピックは脇役に過ぎない。

神宮外苑は、明治天皇と昭憲皇太后を祀った明治神宮の周縁に位置することから、都は厳しい高さ規制、景観規制を敷いてきた。高層建築の建設は困難で、そのため閑静な森が残り、都民の憩いの場となってきた。一方で、デベロッパーたちの間では、都内に残った最後の開発地とも呼ばれてきた。都の規制をいかにして緩和するか。それが再開発の鍵を握っていたのである。

結論を先に言えば、国立競技場の建て替えを利用して規制を緩和し、開発を推進する——それがすべての発端なのである。

そのため、新しい国立競技場の規模は、「八万人収容」と決められた。その規模の競技場なら、敷地が規制区域にはみ出してくれるからだ。そこで、ワールドカップなりオリンピックなりの権威を持ち出し、それを「錦の御旗」として規制を緩める。いったん規制が緩めば、そこにはさまざまな施設を建設することが可能になる。そういうシナリオで物事は進んだ。その舞台裏で際立った存在感を見せたのが森元首相なのである。

始まりはラグビーワールドカップ

筆者が調べた限りで最初にこの地の再開発を企図したものは、二〇〇四年に関係者の間で出回った、表紙に「平成16年6月　ｄｅｎｔｓｕ」のクレジットのある、「ＧＡＩＥＮ　ＰＲＯＪＥＣＴ『21世紀の杜』企画提案書」である。Ａ４十枚程度のこの資料は、「都志《ママ》再開発のすすめ」というキャッチの通り、神宮外苑再開発の提案書である。「ｄｅｎｔｓｕ」とは電通のことだろう。ちなみに、ここにはすでにオリンピックの誘致や国立競技場の新設が盛り込まれており、今から見れば、ほとんどこの提案書の通りに物事が進んだことがわかる。

年表を見ると、この後、日本は怒濤の如く、国際的なスポーツ・イベントの招致へと動き出している。ここでは、招致の動きが始まった時点と、その成否が決まった時点を抜き出してみる。

・二〇〇四年　十月　二〇一一年ラグビーワールドカップの招致委員会が発足
（二〇〇五年十一月に落選）
・二〇〇五年　九月　二〇一六年夏季オリンピックの東京招致を正式に表明
（二〇〇九年十月に落選）
・二〇〇六年十一月　二〇一五年ラグビーワールドカップ招致を決定
・二〇〇八年　九月　二〇一五、二〇一九年のラグビーワールドカップの招致を正式に表明
（二〇〇九年七月に二〇一九年の開催が決定）
・二〇〇九年　一月　二〇二二年サッカーワールドカップの招致を表明
（二〇一〇年十二月落選）
・二〇一一年　七月　二〇二〇年夏季オリンピックの招致を正式に表明
（二〇一三年九月に開催が決定）

ラグビー、サッカー、オリンピックと、国立競技場をメインスタジアムとして使うであろう、国際的なスポーツ・イベントすべてに手をあげている観がある。そして、落選を重ねた末、初めて開催が決定したのが、二〇〇九年七月（二〇一九年のラグビーワールドカップ）であった。

そこから一年経った二〇一〇年十二月、私たちの目の前に、初めて神宮外苑再開発が姿を現す。東京都が国立競技場一体をスポーツ・クラスターとする構想を発表したのである。

この時点での「錦の御旗」はラグビーワールドカップであった。それがオリンピックに差し替えられたのは、二〇一五年七月、新国立競技場の建設がデザインや建設費の問題で変更となり、ワールドカップに間に合わなくなってからのことである。幸い、やみくもに立候補を続けたおかげで、二〇一三年九月に二〇二〇年の東京オリンピックの開催も決定していた。

神宮外苑の規制地域にかかるように、新国立競技場のサイズを大きくする。そのため立ち退きを迫られたのが、国立競技場のそばにあった都営霞ヶ丘アパートだった。都は二〇一二年八月にアパート住民向けの説明会を開き、都市整備局の担当課長が、「一九年のラグビーワールドカップの会場となる新国立競技場のため」と、住民に移転を通告した。唐突な通告に住民は猛反発するが、都の役人は、「国策です」を繰り返すばかりだった。

「国策」という言葉が横行する時代がロクなものではないことを、私たちは八十年前に経験したはずだが、ここでおぞましい復活を遂げた。平穏な住民の暮らしは、「国策」という重機によって押しつぶされた。

ならば、その「国策」はどうやって決められたのか。筆者は、都の情報公開請求を利用し、「神宮外苑の再整備について」と題した応接メモを入手した。「取扱注意」の判が押され、手書きで「部内限り」と書かれている。応接したのは東京都の佐藤広副知事（当時）と安井順一技監（同）。されたのは森喜朗元首相である。日付は二〇一二年五月十五日。ここに「国策」が登場する。


〈森　〉・（霞ヶ丘アパートの）住民の移転は大丈夫か？

〈佐藤〉・（住民が入居した経緯、店舗の存在等を説明し）近くにある他の都住に移転してもらえるために国策として計画を進めていくことが必要。

〈森　〉・日本青年館は気持ちよく協力してくれる。ここに（ＮＡＡＳＨ「日本スポーツ振興センター」所有のテニスコートに）日体協も移転させるといい。どのくらいの規模が建つのか？

〈佐藤〉・隣接する明治公園も敷地に使い、（高さ等の）規制緩和が可能。

（傍線筆者）


このメモの他の部分ではすでに、再開発の前半戦である国立競技場の建て替えだけでなく、後半戦の「神宮球場とラグビー場の敷地の入れ替え」や、明治神宮所有地の商業的な利用増進まで話し合われている。それを受け、森元首相は、「すばらしい案じゃないか。長生きしないと」と絶賛し、さらに、「不吉なことを言うようで悪いけど、もしこっち（オリンピック招致）が×になったらどうする？」と都側に問いかけている。この段階（二〇一二年五月）では、ラグビーワールドカップの開催は決まっていたが、オリンピックはまだ決まっていない。しかし、再開発計画はオリンピックを含んだものとなっていた。そこで森元首相の問いになるのだが、佐藤副知事は、「神宮外苑全体の再整備は進める」、安井技監は、「都市計画変更の調整は全体の再整備を前提に進める」と応じた。つまり、オリンピックは再開発の名目になればそれでよく、やってもやらなくても、再開発は進めると断言したのである。

森首相が最後に述べた言葉は次のものだった。

〈森　〉・すばらしいよ。あと15年は長生きしないと。

あれから九年、新国立競技場は東京オリンピックのメインスタジアムとして稼働し、周囲にはJSOSなど新しいビル群が建設された。森元首相の今の心境はどういうものなのだろうか。再開発の後半戦が終了するのは二〇三六年の予定で、さらに十五年後になる。

森元首相の発言で忘れられないものがある。最初に決定した新国立競技場のデザインが、あまりに費用がかかると問題になった時のことだ。この案だと二千五百億円かかるとされた。

「国がたった二千五百億円くらいの金を出せなかったのかね」

森元首相は国、と言ったが、その元は、われわれ国民の税金である。

ナショナリズムの裏側

新しい国立競技場の規模が八万人とされたのは、規制区域にはみ出す必要があったからだと述べたが、それが実現した経緯には、別の問題も潜んでいる。

八万人規模の流れを作ったのは、二〇一二年三月六日の「第1回国立競技場将来構想有識者会議」だが、ここで日本スポーツ振興センター（JSC）の河野一郎理事長（当時）が八万人の根拠として示したのが、「国立霞ヶ丘競技場の八万人規模ナショナルスタジアムへの再整備等に向けて（決議）」だった。これは、前年の二月に超党派の国会議員三十五人による「ラグビーワールドカップ2019日本大会成功議員連盟」が開いた総会で決議されたもので、国立競技場八万人規模化と神宮外苑地区の都市計画の再整備を求めたものだ。森元首相も国会ラグビークラブ顧問として名を連ねている。

つまり、森元首相を含む国会議員がそう決議したから八万人からスタートします、と河野理事長は言っているわけだ。有識者会議の議事録にはこうある。

【河野理事長】（中略）規模については、8万人規模をスタートラインに。参考資料の「国立霞ヶ丘競技場の八万人規模ナショナルスタジアムへの再整備等に向けて（決議）」を見ていただきたい。これが公に目にされている最近のものであり、これを根拠としたい。

（中略）

次に課題となるものを説明させていただきたい。

参考資料5　現在競技場の立ち位置が赤いところだが、8万人規模ということになると、左側の明治公園、右側の明治公園、青年館までが建設敷地となる。今後、具体的な行動が必要となる。
（傍線筆者）

では、国会議員の決議以外に根拠はあるか。JSC自身が有識者会議に提出した資料によると、オリンピック・パラリンピックのスタジアム基準は六万人。しかし、資料には、「IOCテクニカルマニュアルでは6万だが、最近の事例では8万人以上の規模。他都市と比較し見劣りしないためには、8万が目標」と、八万人へ誘導している。ラグビーワールドカップについては、「2011年大会の基準では、決勝・準決勝の会場は、6万人以上の収容が望ましい」と書いているが、ワールドカップを主催するワールドラグビーによると、開催基準に観客席数はない。かろうじてサッカーワールドカップは、決勝のスタジアムとして八万人規模のスタジアムを契約書で求めている。ならば、いずれサッカーワールドカップでも使えるように八万人にしましょう、というのならまだわかる。ただし、サッカーワールドカップの開催地は二〇二六年大会まで決定しており、使うとしてもずいぶん先のことにはなる。

ともあれ、議員連盟の決議はラグビーワールドカップのためのものだから、本来、スタジアムは六万人でよかったはずだ。それがオリンピックに差し替えられても、六万人でよい。しかし、八万人にどうしてもしたいので、「他都市と比較し見劣りしないためには、8万が目標」という、理由にもならない理由をあげていると考えたほうがよい。

しかし、このことが意外と重要なのだ。「国立競技場将来構想ワーキンググループ」の中の「施設利活用（文化）グループ部会」で座長を務めた作曲家の都倉俊一氏は、二〇一二年五月十四日の会議でこう発言している（議事録より）。

【都倉座長】（中略）まず第1に、世界に誇れるスタジアム（中略）。今やもう日本は経済大国世界第2位を中国に譲り渡し、音楽面でも90年代からアジアを席巻していたJポップが、Kポップに取って代わられようとする中、東日本大震災が発生した状況です。日本人に誇りと夢とプライドを取り戻すため、このプロジェクトが役に立てればよいという議論をしました。（中略）遅かれ早かれ[redacted]も世界一のスタジアムを作ろうとするのは目に見えているわけですから、それに先駆けて、日本がアジアのリーダーシップを取るという意味でも、このプロジェクトは絶対的に成功させたい。

別途公開された議事要旨には、「中国・韓国に先駆けて、世界一のスタジアムをつくる」とあるから、黒塗り部分には「中国・韓国」と書かれていたのだろう。

再開発のために決められた八万人という数字が、いつしか「日本人の誇り」に関わる問題へとすり替えられている。第一章で安倍前首相のインタビューを紹介したが、そこでも、「日本人としての誇り」という言葉が登場する。

しかし、中国や韓国より大きなスタジアムを作れば、日本人の誇りは回復されるのだろうか。逆に言えば、日本人の誇りとはその程度のものなのか。安倍前首相の時代には、ナショナリズムが横行したが、それを煽ったのは安倍前首相自身だ。ナショナリズムはいったん火が付くと鎮めるのが困難である。そのことを本人は自覚していたのであろうか。

巨大な開発利権を押し通すために使われたのが、「国策」であり、「ナショナリズム」であったところに、この国の本質的な問題がある。

第5章

利権の宴が終わったあと

神宮外苑再開発という利権が、
国立競技場の建て替えを必要とし、
国立競技場の建て替えがオリンピックを必要とした。
利権の輪廻はオリンピック開催で終わったのか。
天網恢恢、オリンピック後に、
さまざまな問題が関係者を悩ませている。

消えた利権

新型コロナウイルスが世界中で感染拡大中だった二〇二〇年三月十二日、ギリシャで聖火リレーの採火式が行われた。その同じ日、東京で、ある一般財団法人が設立された。「日本スポーツレガシーコミッション」。住所は東京都新宿区霞ヶ丘町四番二号。日本スポーツ協会（ＪＳＰＯ）と日本オリンピック委員会（ＪＯＣ）が本部を置く「JAPAN SPORT OLYMPIC SQUARE（ＪＳＯＳ＝ジャパン・スポーツ・オリンピック・スクエア）」と同じ場所だ。

設立目的は「人類共通の文化であるスポーツが、人類社会が直面する諸問題の解決に貢献する大きな力を有しているとの認識のもとに、スポーツに関わる多様な主体による連携・協働を促し、スポーツの普及・振興に関する調査、研究、提言を行うとともに、スポーツの持続的発展を支える人材の育成及び活躍の場の確保等を図ることを通じて、スポーツ基本法の理念の実現を図り、もって持続可能で豊かな社会の創造に寄与することを目的とするとともに、その目的を達成するため、次の事業を行う」とある。

建て前だらけの目的はさておいて、八項目ある事業の中に、「(4) スポーツの国際大会等のレガシー活用促進に関する事業」があることが注目された。現在、スポーツ界でレガシーと言えば、二〇二〇年の東京オリンピックにまつわるものを指す。

これは、オリンピック後に何らかの利権の受け皿として設立された財団ではないか。この財団の存在は国会質疑でもやり玉にあげられた。

理由は、理事や評議員の顔ぶれである。それが、森元首相の人脈とぴたり重なるからだ。

理事長の遠藤利明氏は東京オリンピックの組織委副会長であり、安倍政権下で文科副大臣、五輪担当相を歴任した。会長である河村建夫氏は森政権下で文科副大臣、小泉政権下で文科相を務め、かつては森元首相と共に旧三塚派に所属していた。

伊藤雅俊理事は味の素会長で、二〇一七年六月に日本体育協会会長に就任しているが、二代前の会長は森元首相が務めている。味の素は二〇〇三年からＪＯＣとスポンサー契約を締結し、二〇〇九年にはナショナルトレーニングセンター（ＮＴＣ）の命名権を取得したほか、今回の東京オリンピックでも調味料や冷凍食品などの部門で、オフィシャルパートナーを務めた。

山下泰裕理事はＪＯＣ会長、島原光憲理事は日本パラリンピック委員会（ＪＰＣ）会長、河野一郎理事は組織委副会長であり、東京大会の招致委員会事務総長や日本スポーツ振興センター（ＪＳＣ）理事長を歴任。新国立競技場の建設費高騰問題で辞任した人物だ。

鈴木寛理事は官僚、大学教員を経て民主党の参院議員となり、文科副大臣などを歴任。ラグビーワールドカップ招致や東京オリンピック招致に関わった。議員を辞めた後も文科省参与や補佐官を務めている。樽床伸二監事は元衆院議員。民主党在籍中にラグビーワールドカップ２０１９日本大会成功議員連盟に参加した。福島弦監事はラグビーワールドカップ２０１９組織委員会で広報などを担当している。

馳浩評議員は自民党の参院議員を経て、衆院議員に鞍替えした政治家。選挙区は森氏の政敵だった故奥田敬和衆院議員の石川一区だった。馳代議士は安倍政権下の二〇一五年、文科相に就いている。

武藤敏郎評議員（設立時）、嶋津昭評議員、銭谷眞美評議員は、それぞれ森政権下で大蔵次官（当時）、総務次官、文科次官に就いた人物である。このうち、武藤氏は組織委事務総長として、森氏を支えた。その縁は古く、武藤氏が大蔵省主査時代に文部省（当時）担当として、文教族の森氏とやりあい、森氏の地元の石川県庁に出向した時から関係は深まった。

いずれの人物も森氏を中心としたオリンピック、ラグビー、スポーツのつながりであることがわかる。そして、森氏はこの財団の最高顧問に就いていた。

官僚時代から森元首相と縁が深い武藤氏

この財団の存在が疑われたのは、オリンピックの「儲け」の分配につながるからだ。オリンピックにおいては公的負担（開催都市や国の負担）が膨れ上がってきたのとは逆に、IOCと組織委（OCOG）、開催地のNOCは利益を上げてきた。赤字だった二〇一六年のリオデジャネイロ・オリンピックを除く直近二回の夏季大会は、二〇〇八年の北京オリンピックが約百四十億円、二〇一二年のロンドン・オリンピックが約四十六億円の黒字だった。

剰余金の分配

IOCは抜け目なく開催都市契約で次のように取り分を定めている。

本大会開催の結果として生じた剰余金があれば、以下のとおり配分するものとする。

a）NOCに20％

b）OCOGに60％。NOCと協議のうえでOCOGが決定する開催国におけるスポーツの全般的利益のために使用することを目的とする

c）IOCに20％

新型コロナ禍で延期される前、東京オリンピックの剰余金は百億円にのぼるとの観測が飛び交った。であれば、JOCに二十億円、組織委に六十億円、IOCに二十億円入る計算だ。問題は大会後に解散する組織委の取り分の行方だ。

ロンドン大会組織委は三十億円を国に寄付した。一九九八年の長野オリンピックでは、剰余金約四十五億円のうち、四十億円を基金として積み立てた。

では今回も東京都に寄付されるのだろうか。

組織委の定款第四十五条は次のように定める。

「当法人が清算をする場合において有する残余財産は、評議員会の決議を経て、公益社団法人及び公益財団法人の認定等に関する法律第5条第17号に掲げる法人又は国若しくは地方公共団体に贈与するものとする」

また、都の立候補ファイルは剰余金の扱いについて次のように記している。

「なお、大会後、余剰《ママ》金が生じた場合、開催都市契約に従って、大会組織委員会は割り当てられた

余剰金《ママ》を日本国内のスポーツ振興に役立てる」

なるほど、開催都市契約にも、「ＯＣＯＧが、スポーツの全般的利益のために使用」とある。つまり都以外のスポーツ振興に関わる団体への寄付を組織委の裁量で可能としているのだ。都市や国家の財政支出で膨れ上がった大会経費から結果的に生じた利益を、大会後に解散する組織委が差配できる。「オリンピック貴族」と呼ばれるＩＯＣからの開催国関係者への心配りなのだろう。

そういうわけで、「スポーツの普及・振興」のため、「スポーツの国際大会等のレガシー活用促進に関する事業」を担い、森氏が最高顧問を務めた日本スポーツレガシーコミッションが組織委の剰余金の受け皿となるのではとの疑いが、関係者の間で広まったわけだ。

二〇二一年二月十五日の衆議院予算委員会で、立憲民主党の斉木武志衆院議員は組織委解散後、「（組織委の）評議員会の議決によって、オリンピック・マネーが贈与されるのではないか」と政府に問いただした。西村康稔経済財政担当相は答弁で、「ご指摘のこの一般財団法人が、現時点で公益認定申請がなされているわけではございません」と否定した。しかし、要件を満たせば公益認定がされるのかという問いには答えなかった。

平仄を合わせたかのように、日本スポーツレガシーコミッションは自身のホームページに次の文章を乗せた。

「２０２１年２月15日の衆議院予算委員会において、当財団が２０２０年東京オリンピック・パラリンピック競技大会の剰余金の受け皿になることを意図して設立されたのではないか等の質問がありましたが、そのような意図は一切ありません。

その上で、剰余金の使途については開催都市契約等において定められたルールがあり、当財団は一般財団法人であることから剰余金の受け皿になり得ず、また、今後も公益認定を取得する予定はございません」

そして、武藤氏は同日付で日本スポーツレガシーコミッション評議員を辞任した。

時系列を追うと、この三日前、森氏は自らの女性蔑視発言が原因で、組織委会長辞任を表明していた。新型コロナ感染拡大に伴う二度目の緊急事態宣言を受け、組織委は一月下旬に無観客での開催検討を明らかにしていた。そうなれば組織委は剰余金どころか赤字が避けられない。赤字の可能性が高まったことに加え、一連の動きの中心にいた森元首相が表舞台を退いた時点で、剰余金の受け皿作りの動きは放棄されたように見える。

ただ、ＩＯＣと比べると、日本側の動きはいかにも鈍い。ＩＯＣは二〇二〇年十月に剰余金を放棄する旨の開催都市契約改定の合意書を公表している。新型コロナ下での開催では、感染対策の負担がかさむ。組織委の剰余金は望めないだろうと、ＩＯＣは早々に見切ったかのようだ。

ともあれ、森元首相を中心とするオリンピック関係者のお手盛りによって、儲けが分配されるという事態はなくなった。だからといって、喜んでいる場合ではない。赤字になったらどうなるか。

ＩＯＣは開催都市契約で、組織委員会が赤字となった場合、開催都市の東京都が負担すると定めている。万一、都が負担できない場合は、日本政府が債務保証することを、立候補段階で用意周到に決めている。二〇二四年のオリンピックに立候補した米国のボストン市は、財政負担があまりに大きくなることを理由に途中で撤退した。その時、コンサルティング会社ブラットル・グループが出した報告書「ボストン2024年夏季五輪立候補についての分析」は、IOCが一九八四年のロサンゼルス・オリンピック以外で、大会開催に伴う財務負担を受け入れていないとして、「リスクを負わない組織」と断じている。しかし、それは、組織委も都も政府も同じである。なぜなら、結局それらはわれわれの税金で穴埋めされるからだ。

国立競技場を巡る難題

森元首相にとって、オリンピックが終わり、神宮外苑の再開発も再始動したからといって、すべてめでたし、というわけにはいかないようだ。

オリンピックのシンボルでもある国立競技場を巡って、また難題が起きているのだ。

そもそも、新しい国立競技場は、オリンピックの「レガシー(遺産)」になるどころか、オリンピック終了早々に、陸上競技場としての役割を終える運命だった。

オリンピックや世界陸上など、陸上競技の国際大会を仕切る世界陸連(ワールドアスレティックス=WA)は、それらの大会の開催条件として、陸上競技場に、選手が準備運動やトレーニングをするためのサブトラックを併設してあることを定めている。日本陸連が主催する日本選手権も同様の条件を定めている。

ところが、新しい国立競技場は建設構想段階で早々に、サブトラックの常設を取りやめている。JSCが二〇一二年四月十日に開いた「国立競技場将来構想ワーキンググループ(第1回)施設建築グループ部会」の議事録には、「管理棟の上部にサブトラックが描かれているが、今決まっているのは２０１９年のラグビーワールドカップ。その時にはサブトラックはいらない。２０２０年にオリンピックが来たら、その時にはサブトラックは必要だが、必ずしも恒久的な施設である条件ではないので、サブトラックの場所を決めなくても都市計画を行うことは可能」と記されている。

発言者は当時の東京都の技術系職員のトップの安井順一技監だった。ラグビーにサブトラックがいらないのは事実だが、二〇二〇年のオリンピックの時に常設施設にしておかなければ、大会後は主要な陸上の大会が開けなくなる。つまり、「都市計画を行うことは可能」であれば、オリンピック後に陸上競技場として使えるかはどうでもよかった。都市計画とはもちろん神宮外苑の再開発である。国立競技場はダシに過ぎず、都市開発優先という都の本音が記録に残る。

その後、オリンピックの開催が決まったが、政府はオリンピック後、国立競技場から陸上トラックを取り除き、ラグビーとサッカーの球技場として使う方針を決めていた。また、コンサートなどのイベント会場としての使用も考えた。そして、これらを運営するのは政府ではなく、入札で運営会社を選ぶとしていたのである。ところが、当初のデザイン案が建設費が高すぎるというので白紙撤回された結果、経費削減のために開閉式の屋根を省いた。この結果、イベント会場として利用すると騒音問題が生じるため、競技場の利用価値は低下した。また、ＪＳＣの試算では、施設維持に今後五十年間、年間二十四億円の費用がかかる。球技場だけでは採算が取れないため、入札に応じる業者がはたしているだろうかと懸念された。その後、新型コロナ禍でオリンピックが延期されたこともあって、話はここで止まったままだ。

ともあれ、東京オリンピックの時は、神宮第二球場に隣接する軟式野球場が、暫定的にサブトラックに当てられた。オリンピック終了後には撤去される運命だ。

ここで厄介な問題が生じる。IOC委員であり、WAの会長も務めるイギリスのセバスチャン・コー氏が、二〇二〇年十月、国立競技場を視察し、二〇二五年の世界陸上の開催を提案したのである。もちろん、それが実現するには、サブトラックの維持が不可欠だ。コー発言を受けて、菅首相はサブトラック存続を前向きに検討するよう萩生田光一文部科学相に指示。萩生田文科相はコー発言翌日の閣議後会見で「残すことはひとつの方策だ」と述べた。

しかし、この方針転換が実現するかは極めて不透明だ。そのことは、再始動した神宮外苑再開発計画を見ると一目瞭然だ。

この計画によると、神宮第二球場は二〇二三年に解体して更地にした後、跡地にラグビー場を建設する（一期工事。二〇二四年着工）。次に、二〇二七年に秩父宮ラグビー場を解体し、跡地に新神宮球場を建設（二〇二八年着工）し、二〇三一年中の完成を目指すとする。

旧神宮球場は二〇三二年から三三年初めに解体し、跡地の北側にラグビー場（二期工事）を建設する（二〇三四年中の完成を目指す）。旧神宮球場の残った南側の跡地は、中央広場とホテルやスポーツ関連施設を二〇三三年に着工、三五年中の完成を目指す。このように玉突きで建設するのは、既存施設を利用しながら、新施設を作ることで、地権者である明治神宮の収益を損なわないための仕掛けだ。

この計画の中で、現在、国立競技場のサブトラックとなっている場所は二〇二四年中に更地に戻し、絵画館前広場とテニス場を二〇二五年中に着工、二六年中の完成を目指すことになっている。

二〇二五年に世界陸上を開催するためにサブトラックを維持するとなれば、神宮外苑再開発は大きな修正を迫られ、工期の繰り下げは避けられない。

そもそも、新型コロナ禍による東京二〇二〇大会延期で、神宮外苑再開発計画も繰り下げとなった。さらに計画をずらすとなれば、無理をして今年、オリンピックを開催した意味がなくなる。

荻生田文科相は、落選した浪人時代、森元首相のお先棒を担いで神宮外苑再開発に関わっていた、利権関係者の一人である。

最後に述べておきたいのは、東京オリンピックが終わっても、オリンピックに異常な執着を示す政府関係者がいなくなるわけではないことだ。実際、二〇三〇年の冬季大会を札幌に招致しようという動きがある。札幌は橋本聖子組織委会長のお膝元だ。当然のことながら、オリンピックを招致したい政治家は、IOCのご機嫌取りに必死になる。新型コロナ感染拡大下において、開催を強行した橋本会長の態度は、その文脈からも理解できるだろう。

丸川珠代五輪担当相も同じである。バッハ会長が帰国直前の八月九日、銀座界隈に現れ、いわゆる「銀ブラ」をしたことがSNSで話題になった。緊急事態宣言下、不要不急の外出の自粛を求められている国民は、五輪貴族は治外法権なのかと憤激したのだ。これについて、丸川五輪担当相は、「不要不急であるかは、ご本人がしっかり判断すること」と答えた。こういう政治家がいるかぎり、オリンピック招致騒動はいつまでも続くだろう。国民はそろそろ目を覚まさなくてはならない。

あとがき

「メダル最多58個」（読売、毎日、北海道）、「日本メダル最多58」（朝日）、「『金』27、総数58個　メダル史上最多」（産経）。東京オリンピックが閉会した翌日の八月九日、大会スポンサーを務めた大手紙の一面は日経を除きメダル獲得数を伝える見出しが躍った。「いくら反対しても、オリンピックが始まれば、国民はメダルラッシュに夢中になる」と、開催前に自民党幹部がつぶやいた光景を、大手紙が率先して再現したようにみえる。

だが、国民の多くは閉会式三日前の五日、もうひとつの「過去最多」によって、オリンピックの幻想から目を覚ましていた。新型コロナの都内の新規感染者が五千人を突破したのだ。専門家は大会期間中の感染者増に警鐘を鳴らしていたが、現実は予想を超える速さで感染が爆発し、メダルラッシュに酔いかけた国民に冷や水を浴びせた。

感染爆発の原因のひとつは、菅政権のオリンピック強行開催が、「新型コロナは大したことない病気」だという裏メッセージとして、国民に受け止められたことだ。国民は長引く緊急事態宣言下、外出や外食の自粛に飽きていた。「オリンピックで選手が国境を越えて移動しているのに、国民が県境の移動をできないのはおかしい」、「コロナ感染拡大下でオリンピックを開催しているのに、飲食店が酒類提供を制限されるのはおかしい」。テレビや新聞の街頭インタビューの声は、その居直りぶりで、菅政権の姿勢と重なる。

菅政権は三日、感染者急増に対応し、中等症以下の患者は原則自宅療養との方針を打ち出した。重症患者の入院病床の確保のためという。この一年余り、新型コロナ専用病院など病床増加の努力を怠ってきた失策の帳尻合わせである。国民皆保険を謳う国で自宅療養を勧める政府に対し、与党からも批判が相次ぎ、菅政権は方針を修正せざるを得なかった。

国民の鬱憤が爆発し、政府の指示を聞かなくなるという、幕末の「ええじゃないか」騒動に近いことが、二十一世紀の日本で起きようとしている。混沌《こんとん》とした世情を伝える「現代の落首」ともいえるネットの掲示板には、菅政権がオリンピックを無理やり開催するために弄してきた理屈にもならない説明を、そのまま返す書き込みが相次いだ。

そのひとつが、お盆の帰省中止を呼び掛ける政府に対する国民の反論という体裁の書き込みだ。これを読むと、菅政権がいかに国民をバカにしてきたか、かえってよくわかるので、抜き出していくつか引用したい。

国民1「中止の考えはない。強い警戒感を持って帰省に臨む」
国民2「バブル方式で帰省する。感染拡大の恐れはないと認識している」
国民3「帰省を中止することは一番簡単なこと、楽なことだ。帰省に挑戦するのが国民の役割だ」
国民4「安心安全な帰省に向けて全力で取り組む」
国民6「(帰省は)今更やめられないという結論になった」
国民7「『帰省するな』ではなく、『どうやったら帰省できるか』を皆さんで考えて、どうにかできるようにしてほしいと思います」
国民10「我々は帰省の力を信じて今までやってきた。別の地平から見てきた言葉をそのまま言ってもなかなか通じづらいのではないか」
国民13「帰省が感染拡大につながったエビデンスはない。中止の選択肢はない」
国民14「(帰省について)政府は反発するだろうが、時間が経てば忘れるだろう」
国民15「帰省することで、緊急事態宣言下でも帰省できるということを世界に示したい」
国民16「帰省について限定的、統一的な定義は困難」
国民17「実家を訪問するという認識。帰省するという認識ではない」
国民18「帰省に反対するのは反日的な人たち」

すべてを説明するのは野暮というものだが、国民3は菅首相がオリンピック開会前、米有力経済紙「ウォールストリート・ジャーナル」のインタビューに応じ、開催理由を説明したセリフを言い換えたものだ。

自ら招いたこととはいえ、政府は国民に訴えかける力を失い、うたかたの現実逃避先だった東京オリンピックも終わってしまった。もはや政府には感染爆発が収まることを神頼みするしか手立てがないように見える。

だが、私たち国民には東京オリンピックが閉会した後、責任をもってやらなければいけない仕事が残っている。

招致段階に遡り、政府と都、組織委がオリンピックに費やした予算の執行をつまびらかにし、カネの流れを白日の下に晒さなければならない。本書はオリンピック開催前後の不透明な政治とカネの動きを記してきた。国立競技場の建て替えで見られたように、オリンピックは、決められない日本の政治において魔法の杖と化し、民主主義的な意思決定過程を飛ばして予算を膨らませ、執行してしまうメカニズムを内包している。これらを明らかにしない限り、今後も税金の無駄遣いはなくならない。

一九九八年の長野オリンピックでも同じようなことが起きた。この時、長野市は会計帳簿を、「市役所の倉庫に積み込めないので〝焼却〟した」というとんでもない理由を述べて、真相解明を阻んだ。二度と帳簿を焼かせてはならない。

今回の東京オリンピック招致でも、竹田恒和JOC会長が、フランス司法当局から贈収賄容疑で捜査対象となっているが、招致関係資料がすでに〝行方不明〟となるなど、このままでは長野オリンピックの二の舞となりかねない。

ただ、国民にとって数少ない僥倖が、十月に衆議院が任期満了を迎えることだ。新型コロナ対策の是非を問う選挙となるのは必至だが、東京オリンピック招致、開催の実態を明らかにする絶好の機会でもある。

そのため、超党派の国会議員、専門家、有識者で構成する、政府から独立した第三機関設立を提案したい。政府や都、組織委、大会スポンサー、代理店など国内の大会関係者はもとより、IOCやNBCなどの海外組織も調査対象として、契約関係や予算執行状況をつまびらかにする。

オリンピックが政治、行政を超越した力の源泉として、数々の施策を歪めてきたことは否定できない。これまでのようにすでに終わったことだと〝水に流す〟ことはもはやできない。新型コロナ禍で立ち止まってオリンピック開催の是非を議論できなかった衰退途上にある日本の国民が、せめて後世に知見を残さなければ、「パンとサーカス」に溺れた古代ローマ市民どころか、「朝三暮四」のサルにも劣る。このサルたちは、騙されたとしても、もらえるエサの数は変わらない。しかし、私たち国民は、政治家の願望だけで強行開催されたオリンピックに対し、当初予算の四倍を超える三兆円もの費用を支払っただけでなく、今後もなお、オリンピックによって引き起こされた新型コロナ感染爆発にからむ医療費や感染対策費を支払い、さらには、それによる経済成長鈍化の影響を被ることになるのだ。

当然、独立第三者機関が東京オリンピックのカネの流れを解明するまで、二〇三〇年の冬季オリンピックの札幌招致運動は停止する。

最後に、オリンピズムを真に人類共通の理想とするなら、IOCに改革を求めなければならない。IOCが収入の三分の一以上をNBCのテレビ放送権料に依存していることが、真夏の大会開催や夜中の開閉会式の原因となっていることはすでに記した。東京オリンピック中止論が高まった際、出所不明の違約金や賠償金の話が流布されたことは記憶に新しい。開催都市や開催国に負担がしわ寄せされることを回避するためには、IOCにテレビ局との契約条項を開示させるべきだ。両者が秘密裏に結んだ約束に、第三者の開催都市や開催国が不当に拘束されないよう制度設計を改める必要がある。

これらの改革にIOCが応じなければ、オリンピックを国連管理の催しにするのも一案だ。開催都市に名乗りを上げる都市が減り続けている現状を踏まえれば、古代オリンピック発祥の地であるギリシャを開催地に固定し、参加国の拠出金で運営費を賄うことで、不要な予算支出を抑制すべきだ。

IOCが改革に抗うのであれば、五輪マークをパブリック・ドメインとし、IOCの権利を制限することも考えられる。オリンピックが「平和の祭典」「スポーツの祭典」として崇敬される催しであり続けることと、IOCが権利を独占して財政を膨張させることとは無関係だ。オリンピックが真に人類全体のものであるなら、五輪マークのパブリック・ドメイン化は必然と言える。

各種競技団体がIOCから財政的に自立することも不可欠だ。テレビ放送権料を背景にIOCが寄付金の形で競技団体を支援する現在の形は歪《いびつ》なものと言える。東京オリンピックを最後に五十キロ競歩はオリンピック種目から外される。競技時間が三時間を超えることがテレビ向きでなく、若者の人気もないとして、IOCが問題視したという。ここでもテレビ放送権料が競技の盛衰を左右する存在となっている。このような横暴から競技を守るため、競技団体はクラウド・ファンディングなどで自主財源を獲得する必要がある。

こうした改革に背を向けるなら、IOCは解体されるべきだろう。創設者クーベルタン男爵は、「もし輪廻というものが存在し、百年後にこの世に戻ってきたならば、現世で苦労して築いたものを私は破壊することになるでしょう」という言葉を残し、IOCから離れた。クーベルタン存命中すでに、IOCもオリンピックも理念から外れ出していたのだ。

コロナ禍のオリンピック強行開催に喜んだ人であれ、悲しんだ人であれ、IOCが自身の責任を回避し、オリンピック開催の利益を甘受しようとしたことは否定しないだろう。

オリンピックはIOCの金の卵を産むガチョウであってはならない。

参考文献

・「国際オリンピック委員会（ＩＯＣ）」ホームページ
・『国際オリンピック委員会の百年』（ＩＯＣ、穂積八洲雄・訳）
・「GAMES OF THE XXXII OLYMPIAD 2020 WORKING GROUP REPORT」（IOC）
・「Thomas Bach　UNITY IN DIVERSITY」（IOC）
・「TOP Marketing Program　Historic Overview」（The Olympic Studies Centre）
・「近代オリンピックの創始者クーベルタンと２０２０年東京大会」（和田浩一）
・「OLYMPIC　MARKETING　FACT FILE　2021 EDITION」（IOC）
・「ANNUAL REPORT 2020」（IOC）
・『オリンピックはなぜ、世界最大のイベントに成長したのか』（マイケル・ペイン著　保科京子・本間恵子訳）
・『オリンピックの汚れた貴族』（アンドリュー　ジェニングス著　野川春夫訳）
・『SELLING THE FIVE RINGS』（Robert K. Barney, Stephen R. Wenn, Scott G. Martyn）
・『オリンピック経済幻想論』（アンドリュー・ジンバリスト著　田端優訳）
・『37億人のテレビンピック』（須田泰明）
・『五輪旗目指して』（塚田佐）
・『遺書』（森喜朗）
・「モスクワオリンピック、ボイコットの政治過程」（池井優）
・『流行性感冒』（内務省衛生局編）
・『日本海軍地中海遠征記』（紀脩一郎）
・『新型コロナ「正しく恐れる」』（西村秀一著　井上亮編）
・『民間放送三十年史』『民間放送50年史』（日本民間放送連盟編）
・「日本オリンピック委員会（ＪＯＣ）」ホームページ
・「Zefix – Central Business Name Index」
・「SWI swissinfo.ch」ホームページ
・電子版「The Times & The Sunday Times」
・電子版「BUSINESS INSIDER」
・電子版「Report Of The Auditors And Combined Financial Statements, 2001–2004」（IOC）
・「Hrc Internet」ホームページ

参考文献

・「国際連合広報センター」ホームページ
・「内閣府」ホームページ
・「厚生労働省」ホームページ
・「文部科学省」ホームページ
・「首相官邸」ホームページ
・「在中国日本国大使館」ホームページ
・「日本スポーツ振興センター」
・「新国立競技場基本構想国際デザイン競技募集要項」（日本スポーツ振興センター）
・「ウェブ電通報」
・「北海道新聞」
・「産経新聞」
・「毎日新聞」
・「朝日新聞」
・「読売新聞」
・「日本経済新聞」
・「東京新聞」
・「時事通信」
・「共同通信」
・「ＮＨＫ」
・「日刊スポーツ」
・「日刊ゲンダイ」
・「現代ビジネス」ホームページ
・電子版「Sports Business Journal」
・「開催都市契約　第32回オリンピック競技大会（２０２０／東京）」（ＩＯＣ）
・「開催都市契約大会運営要件」（ＩＯＣ）
・「立候補ファイル［日本語版］」（東京２０２０オリンピック・パラリンピック招致委員会）
・「東京２０２０オリンピック組織委員会」ホームページ

・「東京オリンピック・パラリンピック招致委員会（「２０１６」）ホームページ
・「２０１６年オリンピック・パラリンピック競技大会招致活動報告書」
・Tokyo・2016：candidate city：立候補ファイル「日本語版」
・２０１６年オリンピック・パラリンピック競技大会申請ファイル
・「東京都議会オリンピック・パラリンピック招致特別委員会速記録第十九号」
・「東京オリンピック・パラリンピック競技大会に向けた取組状況等に関する会計検査の結果について」
・「オリンピックとスポーツ放送（映）権ビジネスと国際社会」（大野俊貴）
・「Nielsen」ホームページ
・「Analysis of the Boston 2024 Proposed Summer Olympic Plans」（The Brattle Group）
・「NHK年鑑１９７６」（NHK編）
・「ENCYCROPEDIA OF THE MODERN OLYMPIC MOVEMENT」（John E. Findling and Kimberly D Pelle編）
・「日本民間放送連盟」ホームページ
・「Deutsche Welle」ホームページ
・電子版「The New York Times」
・電子版「The Washington Post」
・「２０２０年東京オリンピックの経済効果」（日本銀行）
・「Business Journal」
・「各国オリンピック委員会連合（ANOC）」ホームページ
・「米疾病対策センター（CDC）」ホームページ
・「世界保健機関（WHO）」ホームページ
・「EUROMOMO」ホームページ
・5ちゃんねる
・会議録情報：参議院
・「Olympic Proportions: Cost and Cost Overrun at the Olympics 1960-2012」（Said Business School Working papers, Oxford: University of Oxford）
・「総合調査『２０２０年東京オリンピック・パラリンピック競技大会に向けた諸課題』オリンピックと経済」（坂田和光「レファレンス」平成28年2月号）
・「REPORT OF THE 2016 IOC EVALUTION COMMISSION」（IOC）
・「REPORT OF THE 2020 IOC EVALUTION COMMISSION」（IOC）

参考文献

・「サンデー毎日」
・「週刊エコノミスト」
・「現代ビジネス」ホームページ
・「日本スポーツ協会」ホームページ
・「東京都都市整備局」ホームページ
・『クーベルタンが考えたオリンピズム』（和田浩一）
・「ジョンズ・ホプキンス大学」ホームページ
・「南アフリカサッカー協会」ホームページ
・「MIT technology review」
・「inside the ring」
・「トムソン・ロイター」
・「AFP」
・「Bloomberg」
・「Bild」
・「The Olympic Museum」
・「日本オリンピックミュージアム」
・「Tansa」

亡国《ぼうこく》の東京《とうきょう》オリンピック

2021年9月10日　第1刷発行

著　者　後藤逸郎《ごとういつろう》

著者略歴　ジャーナリスト。1965年、富山県生まれ。金沢大学法学部卒業後、1990年、毎日新聞社入社。姫路支局、和歌山支局、大阪本社経済部、東京本社経済部、大阪本社経済部次長、週刊エコノミスト編集次長、特別報道グループ編集委員、地方部エリア編集委員などを経て退職。現在、フリーランスのジャーナリスト。著書に『オリンピック・マネー　誰も知らない東京五輪の裏側』（文春新書）。

発行者　大松芳男

発行所　株式会社 文藝春秋
〒102-8008
東京都千代田区紀尾井町3-23
電話　03-3265-1211（代表）

印刷所　理想社
付物印刷所　萩原印刷
製本所　萩原印刷

ISBN978-4-16-391412-1